子どもの発達に共感するとき

保育・障害児教育に学ぶ

木下　孝司

KINOSHITA Takashi

はじめに

本書は、子どもたちが回り道や失敗を重ねながら発達していくプロセスについて、私たちの生活や世の中で起こっていることに触れながら、綴ったものです。保護者のみなさん、教師・保育者の方々、発達にかかわる仕事をめざす学生さんを「お話相手」に、生活の身近なところから、子どもの発達について具体的に語ったエッセイ風読み物です。読まれた方々が、子どもの輝いているところを見つけて、子どもたちから元気をもらうきっかけになればと思います。また、実践や子育てのなかで、「行きづまり」を感じたとき、本書が、子どもの願いに心をよせる第一歩となることを願っています。

私は、学生時代から、保育園・幼稚園や障害児教育の現場の先生方と出会い、子どものかわいらしさやおもしろさ、そして人間の発達の力強さを教えてもらってきました。本書では、保育・障害児教育の実践から直接に、あるいは実践記録などを通して学んだ子どもの姿に触れながら、人間の発達をとらえるイメージをいっしょにつくりあげていきたいと思います。描かれている子どもの姿や実践は、日常のありふれたものに感じられるかもしれません。そうした事実をていねいに見て、日々の生活をゆったりじっくりすごすなかでこそ、子どもは発達していくことをあらためてお伝えしたいと考えています。

私たちが住んでいる社会では、経済効率を重視し、何ごとにも自己責任が強調されています。二一世紀を迎えて、その傾向が強まっているように思います。それは子育てや教育・保育の世界も例外ではありません。その結果、とにかく、みんな忙しくなっています。しかも、子どもたちに直接かかわらないところでの仕事が増えているのです。家庭においても、保護者の方々の労働実態は厳しくなり、子どもと向かい合う時間的、精神的余裕がなくなってきている状況が生み出されています。

そんななか、子どもたちのすることが「めんどうな」こととして受けとめられる社会的風潮があるように思います。さっさと行動しないし、泣いたりぐずったり、うるさくてわざと反対のことを言ったりなど、非効率な存在として疎《うと》んじられることが多くなっています。そうしたマイナスの行動を即刻コントロールするのが、親や教師・保育者として真っ先に期待されることになっているように思います。

子どもの発達に共感しにくい状況が広がっているのです。

でも、子どもにはそれなりの思いがあり、いろんな悩みをかかえているのです。障害をもつ子どもたちの場合、その悩みがより強まることもあります。子どもの発達を学ぶのは、子どもたち一人ひとりの願いや悩みを想像するためです。そうしてちょっとでも、子どもの心に触れられたとき、子育てや実践のエネルギーが貯えられていくように思います。

では、どうぞ肩の力を抜いて、あれこれ子どもの姿を想像しつつ、身近な子どもさんと重ねながら、本書をお読みください。

そして、ゆったりじっくり子どもたちと向かい合い、「子どもの発達に共感するとき」を増やしていただければと思います。

もくじ

はじめに……2

◆第1章　最近、せっかちになっていませんか？……10
■発達の主体は子ども ■弱い存在だから発達する ■「さっさとしなさい」係数 ■発達や実践をとらえる「単位」

◆第2章　ほほえみ には ほほえみ……19
■通じ合えないとまどい ■夜明け前の子どもたち ■シモちゃんが笑った ■ほほえみは発達的に獲得される
■赤ちゃんも「主体性」を発揮している ■愛されている自分を感じる

●コラム1　血液型性格判断の落とし穴……28

◆第3章　世の中には おもしろいことがいっぱい……32
■最近、お散歩してますか？ ■瞳キラリ ■比べて選ぶ主体に ■「何のため」を問う
■「涼む」ことが授業になる！ ■「ゆったりじっくり」に込めた思い

◆第4章　人っていいなあ……41
■ある保護者の悩み　■自閉症の子どもの悩み　■発達は「つながり」から見えてくる
■「チラリ」に込められた意味　■共通性とちがいを踏まえた工夫と配慮　■人っていいなと思える瞬間
●コラム2　「わかりやすさ」のトリック……50
◆第5章　「わたし」と「あなた」の喜びを重ね合う……54
■親と子は一心同体？　■「される」人から「する」人へ　■「つもりをもった自分」の誕生
■わざと悪いことをする　■「わたし」と「あなた」の喜びの共有
◆第6章　日常の生活で「主人公」になる……63
■ある日のしんちゃん　■心のなかで思い描く力　■自ら判断・決定し、思い直す力　■自尊心の芽
■わかって、考える生活
●コラム3　最近、「間」抜けになってません？……72

◆第7章　コミュニケーションのズレに隠されたもの……76
■コミュニケーションにズレはつきもの　■スプーン投げに込められた本当の願い　■心の世界の広がり
■この「思い」をわかってほしい　■行為の要求と自我の要求

◆第8章　私のなかの〈私たち〉……85
■気づかい合う子どもたち　■個別化（モジュール化）する社会　■集団を通して個人が輝くとき
■集団の発達―情動からイメージの共有　■内なる他者とかけがえのない自分

●コラム4　モジュール化……94

◆第9章　仲間から必要とされる自分……96
■ナイショの結婚話　■「友だち」や集団を意識するころ　■思考をめぐらせ、見つめ直すころ
■心揺らぎやすきころ　■一人ひとりの良さをつぶやく　■必要とされている自分

◆第10章　変化していく自分……105
■そういうこともあるんだよね　■多面的に理解し合う心　■「○か×か」を越えて　■人情の機微に触れる
■ちがうけど同じ　■だんだん変化していく自分

●コラム5　無我夢中になるとき……114

◆第11章　教えあう関係を通じた感動……116
■要求で育ちあう子ら　■時代を越えた教育目標のリアリティ　■教えあう関係　■人類「お節介」仮説
■善意のすれちがいから学ぶもの　■「おじさんにさせないとだめだよ」

◆第12章　夢中になることで生まれるもの……125
■「泥だんご病」発生！　■「自分」を見つめさせられる子どもたち　■無我夢中
■「自分」は探すものではない　■失敗・逸脱・脱線を経て心にのこるもの　■発達理解を通じたつながりを

コラム6　発達科学って何？……134

◆補　章　「発達」のイメージをもう一歩深めて……138
■「質的転換」ってどういうこと？　■発達段階を把握するのは何のため？
■つなげて、全体像を想像する　■質的転換は「発達の危機」でもある　■自らを変えていくシステム
■障害をもつ子どもの発達―共通性とちがい　■あらゆるものに値札をつける社会
■「ヨコへの発達」の広がりを　■発達の意味と価値を問う

おわりに……154

イラスト／松本春野

第1章

◆最近、せっかちになっていませんか？

私自身、発達というのは「人間が自らをつくりかえていくプロセス」と考えています。私が日頃出会うのは幼児が多いことから、本書では「子ども」が主語になることが多いかもしれませんが、発達は子ども時代だけのものではなく、一生を通じてのことです（本書を読んだり、それを材料におしゃべりしたりして、「そうそう」「う〜ん」「こんな考えもあるのか！」「ちょっとちがうんじゃない？」などと思うことも、きっと自分づくりの大事なチャンスとなるはず）。

この発達に対する理解は、教育現場で「発達の主体は子ども」とか「子どもが主人公」と言われることと重なります。ただ、案外と人によって受けとめ方が異なるかもしれません。

教育や保育の場において、「子どもの目線に立つ」、「子どもに寄り添う」といった、誰もが「そりゃ、大事だよ」とうなずくメッセージをよく耳にします。私自身、「口に優しい、聞こえの良い物言いには要注意。それでわかった気にならない」と自戒しています（そりゃって立ち止まって考えるところが研究者の嫌がられるところですし、社会的に生存価値があるところでもあると思うのですが）。

それらを単なるお題目としないで、実感をもって理解するには、やはり個々の子どもたちの具体的な姿に向かい合って考えていくしかないように思うのです。

発達の主体は子ども

さて、「発達の主体は子ども」ということを、あるお母さんはこんな具合に考えたと、京都府立与謝の海養護学校の校長であった青木嗣夫さんは紹介しています（青木嗣夫『未来をひらく教育と福祉』文理閣、一九九七年）。

そのお母さんの子どもには重度の障害があり、流動食を口に入れてあげるという全面介助が必要な状態で、とてもわが子が「主人公」だとは思えなかったといいます。でも、そのお母さんは再認識されます。流動食をつくって口に入れるところまでが自分のできる仕事であり、食べ物を「自分の血や肉としているのは子ども自身」の力によってなんだ、と

与謝の海養護学校のある地域では、一九六〇年代、重い障害をもった子どもたちが教育

の対象外とされていた時代にあって、発達をすべての人たちの権利ととらえ、学校および地域づくりがすすめられていました。このお母さんの声には、保護者と教師、地域の人たちがていねいに子どもたちのことを語り合った背景があったことでしょう。

このお母さんがおっしゃる「自分の血や肉」を文字通りの意味だけではなく、文化や芸術などを享受する感性や能力と読みかえたとき、自分をつくっていく主体は子ども自身であるということについて、さらに広く深く理解できるのではないでしょうか。

具体的にはあとで触れるとして、もう一言添えるなら、「発達の主体は子ども」だとしたからといって、教育や保育の役割が後景に退くものではありません。子どもが食べやすいように食事の形態を変えてあげるのと同じように、子どもたちにあたえる教材や教具の「質」と「大きさ」を吟味する必要があります。

また、そうしたものを子どもが期待するために、おとなと子どもは信頼関係で結ばれ、子どもが「その気になる」ための配慮と工夫が求められたりもします。

弱い存在だから発達する

「主体」とか「主人公」というと、積極的でバリバリ活動的で、強くたくましくわが道を切りひらいていく、強い個人がイメージされることがあるようです。それに対して、「人間は弱い存在だからこそ発達する」、もう少しことばを付け加えるならば「人間は一人ひとりでは弱い存在だから、仲間を求め、そのことを通して発達していく」と、発達プロセスをとらえたいと、私は思っています。

また、この発達の道のりは、脱線したり迷ったりしながら、ゆったりじっくりと歩んでいくものであり、その過程を味わうことでこそ、人間らしい誇りと輝きに満ちた中身がつまった自分をつくりあげていくことができる、と考えています。

子どもかおとなか、また障害の有無にかかわりなく、一人ひとりの人間の弱さゆえに、仲間と手をつなぎ、時間をかけて回り道をいとわずに生きていくことが、地に足をしっかりとつけた主体の土台になる。これは、干支《えと》が四巡した今もますます迷うばかりの自分に向けた指針でもありますし、今後の研究においてもそんな発達論をさらに構築したいと考えています。

というのも、最近の世の中では、こうした発達の見方に反する動きが強まっているからです。

「さっさとしなさい」係数

思えば、今から十数年前、わが子が小学校に入学後しばらくして、こんなことばをよく発していたように思います。

「さっさとしなさい」

自己弁解はしませんが、子どもを急かすことばをおとなはけっこう使っているはずです。そんなときに思い出されるのが、ご存じ「時は金なり」という格言。紀元前のギリシアのころから、時間は貴重なものだから大事にしようといった格言はあったようですが、資本主義社会が形成されつつあった一八世紀後半から一九世紀ころより、文字通り「時間はお金だ」ということが、あるリアリティをもって社会に流布しはじめます。

少しでも仕事を休めば、それはなにがしかのお金の損失になるのだから、仕事をさぼってはいけない。あるいは、貸し付けたお金の利子は日数が経てば経つほど増えていくことから、まさに「時間はお金を産む」ものだというわけです。時間の価値をお金で考え、追い立てられる時代の到来と言えるでしょう。

それから二百数十年後の現在、その時代以上に「さっさとしなさい」係数がより増して、社会全体がせっかちになっているように思います。その背後には、市場原理に基づいた競争を徹底して、経済効率をひたすら追求する大きな流れがあります。障害者自立支援法、公立幼稚園や保育園の民営化、学力テストなどの教育や福祉をめぐる問題にとどまらず、経済効率追求の波は確実に私たちの生活を覆い、無駄なく効率的な生活スタイルをあたりまえに思うようになってきています。

経済効率重視の「改革」がこの一〇年間、さまざまな領域で進められていますが、問題は改善するどころか、悪化しています。そこで冷静に考えれば、その「改革」の根本原理が見直されるべきところなのですが、判を押したように出てくるのは「まだまだ改革が足りない」という論法です。結果、「このアンケートに答えよ、それも明日までにね」とか、「自己評価シートを作成しなさい」などと仕事量が着実に増えています。気づけば、現場や家庭で子どもと向かい合う時間が減り、何だかいつも追い立てられている感じだけが強くなっているのではないでしょうか。

そして、じっくり考えたり、迷いながら、ことにあたっている人を見て、「何をもたもたしているの…」と、イラッとしたりすることも…お互いにご用心。

発達や実践をとらえる「単位」

さて、せっかちな効率重視の社会にあって、気になることがあります。それは、子どもの発達や教育・保育実践をとらえる「単位」が短くなっていること。「この一学期間で○○ができるようにする」とか、「次の学年になるまでに××を直す」などというように、ある一定の短い期間に目で見てわかる成果を出させようという傾向が強まっているのです。

即効性のある方法によって、できるだけ効率的に子どもを育てることが求められている、とも言えるでしょう。ここではこうした見方を、仮に効率重視人間観と呼んでおきましょう。

効率重視人間観からは、どうしてもお手軽に人間を理解するために、「この人はこんなタイプ」と画一的で固定的なイメージでとらえる、ステレオタイプな見方が強まります。心理学的に実証されていない血液型性格判断が、今なお流行っているのも、効率重視社会でお手軽人間理解が求められているからかもしれません（コラム1参照）。私は、「血液型性格判断は、反発達論的な実践的行為である」などと言っては煙たがられていますが、人間を固定的に見ることで、発達の可能性を見落とすことに慣れてほしくないという願いからであります。

効率重視人間観に基づくと、実践的にはマニュアル化という問題が生じます。教師や保育者の仕事を名人芸に終わらせないために、教育の方法を伝達可能な形で整理することは絶対不可欠です。しかしながら、子どもに何をどのように教師・保育者は願うのかという、教育の目的や内容の吟味抜きに、技術的側面だけをマニュアル化していくことには、多くの危うさを感じてしまいます。

マニュアル化は、ファストフード店がそうであるように、誰でもが仕事をこなせるためのものです。その結果、仕事の効率は一見増すでしょう。

一方で、「誰でもが仕事をこなせる」というのは、誰がやっても同じ結果が得られ、働き手はいつでも交替できることを意味しています。ところが、教育・保育や福祉にかかわる仕事は、誰がやっても同じといったたぐいのものではありません。

ちょっと想像してみてください。病気や研修で職場を休んだとき、その間何事もないことを願いつつ、休み明けに「あなたのいない間、子どもたちと楽しくばっちりすごせたよ」と代わりの先生から言われたら…。私なら、ちょっと一安心でもありますが、少々悲しい気分でもあります。別に自分がいなくてもよかったのかな、と。こんな感情の奥底にある、何ものにも代え難い人格的関係やコミュニケーション的関係が、教育・保育実践の出発点ですし、子どもを発達的に理解したいという願いの源ではないでしょうか。

＊

こうしたステレオタイプ化やマニュアル化に陥ることを戒《いまし》めながら、内面世界を想像するための一つの仮説として、これから発達の道のりをいっしょに考えていきましょう

【付記】

最近、「障害」という用語を「障がい」や「しょうがい」と表記する動向があります。その背景には、障害児者が「害」であるという誤解を助長することを避けるねらいがあります。私自身、その趣旨におおいに賛同するものです。ただ、ひらがな表記にすれば、それで障害児者をめぐる基本的な問題が解決されるものではなく、新たな用語をつくり出すことも含めて、もう少し議論を重ねていく必要があるように思います。そうしたことを意識しながら、本書では「障害」という用語を用いています。

私たちは誰しも、自らをつくりかえていく発達のプロセスにおいて、それを妨害するさまざまな要因に出会います。それは、医学的な意味での「障害」であることもあるでしょうし、貧困な政策・社会システムによってもたらされる社会的な「障害」であることもあります。後者の「障害」は、個人の固定的な特性ではなく、社会の側に内在するものです。このように「障害」を広義にとらえたうえで、そうした個人の発達を妨害する要因を乗り越えていく点に、人間の発達の可能性をとらえていきたいと思います。本書で用いる「障害をもつ子ども」という表現は、こうした「障害」理解を前提にしたものであることをご了解いただければと思います。

第2章

◆ほほえみ には ほほえみ

ほほえみ　川崎　洋

ビールには枝豆
カレーライスには福神漬け
夕焼けには赤とんぼ
花には嵐
サンマには青い蜜柑の酸《す》
アダムにはいちじくの葉
青空には白鳥
ライオンには縞馬

富士山には月見草
塀には落書
やくざには唐獅子牡丹
花見にはけんか
雪にはカラス
五寸釘には藁人形

ほほえみ　には　ほほえみ

（川崎洋『ほほえみにはほほえみ』童話屋、一九九八年）

野暮な解説はいらないですね。相手がほほえんでくると、こちらも思わずほほえみ返す。怖い顔だとそうはいかない。怖い顔には泣き顔や怖じ気顔になってしまう。ほほえみは互いに一体感を味わえる感情表現であり、人と人とをつないでいく不思議な力をもっています。

そこで本章は、子どもは身体と心を通して愛されて、ほほえむ主体になるというお話。その前にちょっと思い出話から…。

通じ合えないとまどい

大学一年生の冬（ジョン・レノンが銃弾に倒れた年でした）、学生係に来ていた求人票を見て、「重症心身障害児施設」で年末年始をはさんだアルバイトをさせてもらったことがあります。心理学を学んで、人の役に立ちたいという漠然とした思いをもちながら、どこから何を始めていいやら見当もつかない時期だったように思います。

たぶん、と言うか、ほぼ確実に、私は役に立っていなかったと思います。当時の私からすると、ことばでの会話ができず、表情の変化が見られにくい人たちと、どのようにコミュニケーションすればいいのか、とまどってばかりいました。そんななか、職員の方や寮の同室の先輩が、重い障害をもつ人たちとゆったりと語り合っている姿に心動かされ、忘れかけていた「ほほえみ」を取り戻すことができたように思います。

その後、学生時代、地域の子ども会活動が中心となり、重症児施設とのかかわりはしばらくなくなりましたが、人と通じ合うってどんなことかは、私にとっていつも立ち返るべき問題となっています。

夜明け前の子どもたち

その重症心身障害児施設というのが「びわこ学園」でした。恥ずかしながら、大学一年生の私は、びわこ学園が果たしてきた役割や、発達保障についてほとんど何も知りませんでした。ところが、巡り合わせもあって、翌年、全国障害者問題研究会（全障研）学生サークルの仲間と、びわこ学園の療育を記録した映画『夜明け前の子どもたち』（財団法人大木会心身障害者福祉問題総合研究所作品、一九六八年）の上映会を学園祭で企画。以来、学生時代はサークルで、大学で教える立場になってからは授業で、毎年この映画を見ていることになります。

そのたびに新たな発見があります。この映画をご覧になっていない方もおられると思いますので（全障研の支部主催の講演会でうかがってみると、見たことがあるという方は三分の一くらい。世代交代は進んでいます。だからここで取り上げたしだい）、一場面を取り上げ、新たな視点で深めたいと思います。この映画では、重症児教育の先進的実践として語り継がれることになる、シモちゃんへの取り組みが紹介されます。一〇歳のシモちゃんは「寝たきりの重症児」と言われ、自力での移動や姿勢転換は困難であり、目や耳にも重い障害がある男の子です。生後三ヵ月くらいまでの発達段階にあると考えられています。

そして、指導者を困惑させたのは、彼から笑顔が生まれてこなかったことでした。

シモちゃんが笑った

当時、日勤でみると五人以上の子どもに職員一人という厳しい体制で、多くの職員が過労や腰痛を訴えていました。そうした状況にあって、シモちゃんはベッドに寝たまま、食事やおむつの交換がなされ、十分な働きかけができていなかったとのこと。

それに対して、指導者の身体を壊さないための労働条件づくりの運動をすすめつつ、シモちゃんへの「発達の一歩前」をいく積極的な取り組みが始まります。その内容について、当時、近江学園に所属し、この映画の制作委員長をされた田中昌人さんがまとめたもの（田中昌人『講座 発達保障への道②』全障研出版部、一九七四年）を、私なりの理解で整理すると次のようになります。

一つは、姿勢を仰向けだけではなく、うつぶせや横向きなどにして多様性をもたせる。
二つに、次の発達段階の基本姿勢である座位にして、乳母車やシーソーを使って揺さぶる。
三つめに、手指に対して共鳴を誘うようにリズムを加えてあげる。

姿勢を変えることは、シモちゃんからすれば、外の世界あるいは地球の感じ方に大きな変化をもたらすことにつながるでしょう。それと連動して、自分の身体の感じ方も変化します。また、外界との接点となる手指への心地よい接触は、外の世界へと心を誘うものになったことでしょう。その結果、この取り組み開始から数ヵ月経った秋のある日、シモちゃんからほほえみが生まれたのでした。映像に映し出された彼の目に〝力〟を感じ取ったのは、私だけではないでしょう。

ほほえみは発達的に獲得される

ところで、障害をもたない子どもたちの場合も、生まれてすぐに、ほほえむ主体となっているわけではありません。

まず、生まれて間もない新生児期において、生理的に気持ちのよい状態で生じる「生理的微笑」が見られます。このほほえみは、誰か他の人に向けたものではありません。ただ、それを見たまわりのおとなは、まさに「ほほえみ　には　ほほえみ」で赤ちゃんに笑いかけ、よりいっそうあやしかけていくことになります。

次に、生理的な基盤が成熟する一方、おとなからのほほえみかけのシャワーを浴びることで、生後二ヵ月をすぎるころより、あやしかけに対するほほえみ返しが見られるようになってきます。それはおとなからのほほえみにいっそう力強く応えるもので、単なる受け身の反応ではない、子どもの主体性が感じられるものとなっています。

さらに生後四ヵ月ころからは、あやしてもらうことに応えるだけではなく、自分から相手を見つめてほほえみかけていく主体へと変身していきます。赤ちゃんは「ほほえみ には ほほえみ」を期待し、ほほえみが他の人とつながっていく大事な手段となります。

赤ちゃんも「主体性」を発揮している

ほほえみ返しが見られ始める生後二ヵ月ころというのは、この時期なりの主体性の発露を認めることができます。生まれて間もない赤ちゃんは、仰向けの姿勢でいる際、左右非対称であるという特徴があります。顔は左右どちらかを向いていて、向いている方の手や足は伸びて、その反対側の手足は屈曲しています。それが、左右対称な姿勢を保持することが可能になっていきます。その移行期である生後二ヵ月ころ、向いているのとは反対側から親のあやし声が聞こえてくると、何とかその方を見ようとする姿が見られます（白石正久『発達の扉 上』かもがわ出版、一九九四年も参照）。運動や姿勢の働きの制約に対して、見たいものを見ようとすることに、主体としての心の働きの萌芽を読み取ることができます。

もう一つ、発達心理学の実験から（P・ロシャ『乳児の世界』ミネルヴァ書房、二〇〇四年）。圧力センサーを内蔵したおしゃぶりを赤ちゃんにくわえさせます。このおしゃぶりにはしかけがあって、一定以上の圧力で吸うと音が出るのですが、一つの条件ではその出る音の高さをでたらめにし（ランダム条件）、もう一つの条件では吸う圧力に応じて音の高さが変わる（変動条件）ようになっています。後者の変動条件だと、赤ちゃんの吸う〝努力〟が音の出方の変化となって体感できることになります。新生児の場合、どちらの条件でも同じ吸い方しかしないのですが、生後二ヵ月児だと、変動条件において吸い方を変えて、音の出方をたしかめている反応が認められるそうです。

生後二ヵ月ころ、まだ運動機能の制約は大きいのですが、赤ちゃんは刺激への反応体ではなく、活動の主体となりつつあります。そして、生後四ヵ月ころにかけて、まわりの人やものに、自ら視覚・聴覚・触覚などの感覚を差し向けて「わかろう」とする主体になっていきます。

愛されている自分を感じる

二〇〇八年、全障研兵庫支部の企画として、『夜明け前の子どもたち』を見たあと、その「名場面」をふり返り、原田文孝さん（当時加古川市立加古川養護学校）と対談するという講座を行いました。この三〇年間、重症児教育実践を切りひらいてきた原田さんから、次のような興味深い提案をしてもらいました。

重症児には、さまざまな障害によって身体の触れ合いが制約されていることで、おとなの愛情を感じ取り、愛されている自分に気づくことが苦手な子どもたちがいるのではないか。その子どもたちは「触れてほしいのに、触れられたくない」という悩みをもっており、「愛してほしいという要求を高め、自らの悩みを乗り越えていく」ために、人と触れ合う文化に参加するという視点で教材づくりを考えてきている、といった内容の提案でした（詳しくは、原田文孝「重症児の課題のとらえ方と授業づくり」『障害者問題研究』第三六巻三号参照）。

この原田さんの視点に立ったとき、シモちゃんがほほえむ主体となるために、自分が人から愛されていることに気づく必要があります。先に紹介したシモちゃんへの取り組みは、姿勢や手指といった身体への働きかけであったわけですが、それらを実践するのはシモちゃんの発達を願う人たちであったことを忘れることはできません。

シモちゃんへの積極的な取り組みが始まり、指導者が彼の身体に触れる機会は増えたはずです。しかも、それは単に移動のために抱き上げるといった範囲にとどまらず、シモちゃんの心が安定して外界に向けられるための触れ合いになっていたことでしょう。また、歌を歌ったりして、指導者が自らの手で彼の手を優しくつつんであげることで、シモちゃんはきっと自分が大事に愛されていることを感じたものと思います。

「世の中」は心地よく、かたわらにいる人は暖かく自分を愛してくれている。そのことを肌で感じて、「ほほえみ　には　ほほえみ」となるのです。これって、子どもだけの話ではないですよね。

コラム1

血液型性格判断の落とし穴

「えー、ご紹介にあずかりました木下たかしと申します。因幡の地で生まれ、えっと、ちなみに血液型といいますと、見た通りの典型的なA型でございます」

自己紹介、ちょっとした世間話などなどで、必ず話に花を咲かせるのが血液型。どこかで聞いた話だが、ある外国から来られた方が日本人同士の自己紹介を聞いてえらく感銘されたという。「日本人は自分を紹介するとき、必ずと言っていいほどお互いの血液型を知らせ合っている。何かあってケガをしても、いつでもお互いに輸血ができるように備えているんだな」というわけだ。

もちろん、これは大きな誤解。血液型と人の性格には何らかの対応関係があり、血液型でその人がどんなタイプの人間かがわかる、と信じられている。この信念は、日本の社会に相当浸透しており、小学生から年輩の方までほぼ「常識」化している。こうした血液型で人の性格を理解しようとすることを、「血液型性格判断」と呼んでおこう。

＊

さて、血液型性格判断愛好者のみなさんには恐縮なのだが、血液型と性格の相関関係については、これまで心理学の研究で実証されていない。血液型によって人の性格が決まっているということには、十分な根拠がないのである。

と言うと必ず、「でも、血液型性格判断の本に書いてあることって、すごくよくあたってるんだよ」という反論が必ず返ってくる。ただ、この「あたっている」というのがくせ者なのである。

次の文章を読んでみてほしい。

「あなたはときとして外向的で、社交的でありますが、ときとして内気な面が顔を出すこともあります。また、どちらかと言えば人から嫌われることを避ける傾向があるでしょう」

この文章を、ある性格占いの結果だと偽って読ませると、多くの人が自分のことを言いあてているという感想をもつ。そもそもこの文章、〝何でもあり〟の内容になっている。また、「人から嫌われる」ことをまったく気にしない人など、めったにお目にかかれないだろう。人の性格特徴というのは、誰もがどこか思いあたる節がある。血液型性格判断があたったように感じられる理由の一つはこの点にある。

二つ目は、フィルター効果とでも呼べる、私たち自身のものの見方の問題である。つまり、「この人は雑な人だ」と思い込むと、その人が実はきめ細かな仕草を見せていてもそれは見落とされ、雑な人という思い込みに合う行動だけがフィルターを通して目につくようになる。

では、行動パターンから血液型をあてる場合はどうだろうか？　これは確率の問題である。□本人の血液型で一番多いのはA型で約四〇％。会う人すべてに「君はA型でしょ」と言っていれば四割の正答率となる。また一番少ないのはＡＢ型で約一〇％であり、血液型はあてずっぽうで一〇〜四〇％の正答率となり、平均すると（細かな確率計算は省略するが）おおよそ三割という的中率が出てくる。でたらめに言っていて三割の的中というのは、かなりの好成績と言えるだろう。それに加えて、あたった場合は記憶にのこるが、はずれはのこらない、という認知バイアス（認知の歪み）が働き、あたりの実感を高めている（佐藤達哉「血液型性格判断ブーム」、菊池聡・木下孝司編『不思議現象―子どもの心と教育』北大路書房、一九九七年も参照）。

＊

血液型性格判断は、要するに人間を四つのタイプにわけるラベル貼りである。タイプわけは複雑に入り組んだ現象を整理して理解するために、それなりに必要なものとなる。だが、たいへん危険な側面もある。ある調査によると、血液型性格判断で言われている特徴を自分の性格として答える傾向が年々増加しているという。自分自身はこんな人間だという思い込みによって、また他者からのフィルターによって、本人も知らぬ間に自身の行動や態度が決められてしまっているのである。

私たちが日頃何気なく話題にしている血液型性格判断は、人をタイプにわけ、さらに固定的に見る「実習」をしているようなところがかなりある。人を固定的に見ることは、発達的に人をとらえることとはまったく正反対の立場である。日々の身近な生活のなかに、発達をみる視点を曇らせる材料はそろっているということだ。

第３章

◆世の中には　おもしろいことがいっぱい

最近、お散歩してますか？

子どもと手をつなぎ、ぶらぶら、てくてく。あちこち道草しながら、子どもたちは目線が低いぶん、いろんなものを発見してくれます。道ばたの名も知らない草の花、葉っぱの陰で休んでいる虫、そして誰かが〝置き忘れた〟缶とかお菓子の包み紙…。それがまた、子どもとおとなのよもやま話のきっかけになります。

どちらかといえば自然を感じる心の乏しい私が、季節の移りゆきや自然の変化に気づかせてもらったのは、学生時代からお邪魔するようになった保育園でのお散歩でした。何となく素通りしてしまう自然と、立ち止まって向かい合うことを教えてもらったように思います。

ゆったり、ぶらぶら、てくてくお散歩しているように見えるけれども、保育者は子どもの体力を計算し、子どもたちに出会わせたい自然を吟味したりと、見えないところで知恵を絞っています。

また、通園施設においては、この大事な役割を担う散歩を家庭の責任とするのではなく、障害をもつ幼児が散歩を楽しめるための条件づくりや指導上の工夫がなされています。地味ですぐに成果は見えにくいけれども、こうした日々の仕事が子どもの発達の土壌を豊かにしていることを、最近ますます強く感じています。

日々、片道二時間の電車通勤。年齢とともに仕事量は増えて、ゆったりと保育現場に行く時間が減ってきたこのごろの私。歩くことは単なる移動手段になってしまっています。自然の変化を実感できる心と身体を失っている気がしてなりません。みなさんはだいじょうぶですか？

そこで、本章は、まわりの世界で起こっていることを感じわけ、そのおもしろさがわかっていく発達のプロセスを取り上げ、子どもにそうした力を育てることを通して、自然の変化を実感できる心と身体をおとなも取り戻そう、というお話。

瞳キラリ

自然の変化も含めて、身のまわりにあるものやそこで起こっている出来事に、〝何だかおもしろそうだな〟と心を向けていくことは、大げさに言えば生きていくうえでの原動力になると思います。

「世の中には、こんなにおもしろいことがいっぱいあるよ。だから、人生やめられない！」

とりわけ人生の出発点の乳幼児期において、こんな思いを心と身体で感じてもらうことが、中身のつまった「自分」をつくるために不可欠です。では、まわりのものやそこで起こっていることに心を向け、さらにそれらのものをわかろうとするのは、いつごろから始まるのでしょうか。

生後四ヵ月ごろ、赤ちゃんはあやされなくても、自分からまわりにいるおとなにほほえみかけていくようになります。この「自分から」というのが大事なところで、受け身ではない、ほほえみかける主体となっているのです。このころ、ほほえみかける主体となるのに導かれるように、赤ちゃんはまわりのものを主体的に見るようになります。「主体的に見る」というのは妙な言い方ですが、単に視野にものが入っているという状態ではなく、見ようとして見ている状態が生まれていると考えていただければと思います。おっきい目、ちっこい目に関係なく、瞳がキラリと輝く瞬間です。ちょっと主観的な言い方になってしまいますが、「主体的に見る」力を獲得した赤ちゃんを前にすると、「見つめられている」という感じをたしかに覚えます。

比べて選ぶ主体に

「主体的に見る」ようすがさらに明確に確認できるのが、あるものだけではなく、別のもう一つのものにも視線を向けて見比べる姿です。生後四ヵ月すぎ、よく知っている人の顔と見知らない人の顔、あるいはこっちのおもちゃとあっちのおもちゃを見比べるようになります。そうやって赤ちゃんは両者のちがいをわかろうとしているのでしょう。ここで大切なのは、見比べておしまいではなく、必ずと言っていいほど赤ちゃんはそのものに手を伸ばしてくることです。そして、六ヵ月をすぎるころから、ものとものを見比べてから一方を選んで、しっかりと手に入れることができるようになります。見比べるというのは、「こっちがいいな」と選択し、それを欲する心をふくらませるために必要なことなのです。

心が引き寄せられたものを手にした赤ちゃんは、次に何をするでしょうか。まず、それを口にもっていくことが多いはずです。おなかが減っている？　そうではありません。赤ちゃんにとって、ものをなめたり口に入れるのは、それがどんなものかを知る大切な手段の一つなのです（口でたしかめる行為は次第に減って、生後八ヵ月以降、ものをしっかりと見ながら手で操作していくことの方が優勢になっていきます）。

また、一つのものだけでは飽きたらず、さらに別のものにも心ひかれ、そっちもつかみ取り、口にもっていきます。生後六、七ヵ月ころ、両手で一度に二つのものを保持することが難しく、一方の手にあるものに注意が向くと、他方はお留守になる段階にあります。そんな制約はあるのですが、さらに異なる別のものへと注意を向けて、次々と外界にあるものに心が向けられていくことになります。

身のまわりのものに、瞳を輝かせながら心を向けて、触ったりなめたりしながら積極的にかかわっていくことで、赤ちゃんはまわりの世界のことをわかっていくのです。こうした世界の拡大を牽引するのが、ほほえみを期待して、おとなとつながろうとする心の構えです。おとなを求めて、あるいはおとなが触ることで魅力が増したおもちゃを求めて、寝返りやはいはいによる移動、手や指を使った対象操作を自由に行う可能性を広げていくことになります（詳しくは、田中昌人・田中杉恵『子どもの発達と診断　2』大月書店、一九八二年を参照してください）。

「何のため」を問う

障害によるさまざまな制約によって、心が外界に向かいにくくなっている子どもたちがいます。世界を広げてくれるおとなの存在が心に位置づいていないため、まわりのものにあれこれと心を向けていく意欲が育ちにくく、いつも決まった素材のものしか手にしない、あるいは自分の身体への刺激にしか心が向かないといったことが見られる場合があります。

せっかくこの世の中に生を受けたのだから、世界にあるおもしろいものや心地よいものをもっともっと知ってほしい。こうした願いをもつことが、教育や子育ての出発点であってほしいと、私は思います。障害をもつ子どもに対して、たとえば手や腕が少しでも自分の意志で動かせることを願って、訓練や治療的な働きかけが行われます。そうした取り組みは必要なものですが、それだけでは人を育てるという営みにはなりません。何のために手を動かすのか、手や身体を動かしてまわりの世界に働きかけることを通して、子どもの心に何をのこしたいのかといった、一歩踏み込んだところで、子どもの人生において大切なことを意識していきたいものです。

「涼む」ことが授業になる！

第二章で紹介した原田文孝さんは、ご自身が担任された重症児について、肢体障害や視覚障害によって、まわりのことを「わかりたいのにわかりにくい」という悩みをもっていると言います。そこで、自然の気持ちよさと人間のおもしろさを伝えていく授業が構想されており、自然の気持ちよさをテーマにしたものの一つに「涼む」という授業があります（原田文孝「重症児の課題のとらえ方と授業づくり」『障害者問題研究』第三六巻三号）。

そのクラスの子どもたちは、外の世界で起こっていることに注意を向ける認識の力をもちつつも、自ら身体を動かしていくことや視覚には大きな制約をかかえ、体力的にも暑さや寒さが苦手な状態にあります。それに対して、夏の暑さを耐えるだけではなく、涼むための生活文化を学ぶことで、夏の暑さを楽しむ生活を築いていこうというねらいを先生方はもっています。

私たちの祖先たちは、涼むために、水をまく、木陰に入る、濡れたおしぼりで身体を拭く、冷たいものを飲む、あるいは怖い話を聞いてゾッとするなど、さまざまな生活文化をもっていたはずです。ところが、今やボタン一つ押すだけで、快適な室内温度が確保される生活に、私たちは慣れきってしまっています。便利になったけれど、いろんなものを置いてきたんでしょうね。

「ゆったりじっくり」に込めた思い

大学のゼミで、原田さんに「涼む」授業のビデオを見ながらお話をうかがう機会がありました。授業のようすをちょっと記してみます。

夏の暑い中、子どもたちの体調管理に留意して、車いすやバギーを押しながらひとしきり校内を駆けめぐる。暑さがピークに達したところで、いよいよ本番、「涼む」授業の開始。木陰に入り、シートの上に移動…これだけで体感温度は全然ちがう…それから濡れたタオルで火照った身体を拭く。そのために、子どもの耳元に水の入ったバケツを置いて、そこでタオルを絞る。涼しげな水を絞る音にきき耳を立て、バケツに心を向けて思わず声を出す子どももいる。水分補給も終えると、リコーダーが奏でられ…リコーダーの音色って心にしみるなあ…続いて先生たちによる二部合唱。ハモる歌声の心地よさが伝わってくる。それに誘われるように思わず声を出す子どもたち。歌声の余韻とともに静寂のなか、セミの鳴き声。それをまた子どもは傾聴。運動と視覚に障害をもつ子どもの場合、聴いて楽しむことが多くなります。ただどうしても、外部からの音刺激は本人の意志とは無関係に子どもの耳に届き、受け身の姿勢になりがちです。それに対して、この実践では、ジッと耳をそばだてて聴きわけることを重視しています。また、身体で暑さや涼しさのちがいを感じわけることも、見比べることに匹敵する、世界のわかり方なのだと思います。

子どものなかでは、耳で聴きわけたおしぼりを絞る音と、続いて感じる肌の心地よさがつながっていきます。そうして濡れたおしぼりを使って「涼む」意味がわかったとき、子どもはより積極的に「涼む」ことを期待し、まわりのおとなに要求する主体になっています。

「ゆったり」と生活することで、何気なく行われがちな生活行為の意味をとらえ直し、「じっくり」子どもとかかわることができます。その結果、子どもの内面に新たな「自分」が誕生することになるのです。ゆったりという時間論と、じっくりという密度の濃い関係論が出会うとき、自分づくりの発達論が生まれる。そんな思いを本書には込めました。

それはともかく、夏には、エアコンとビール以外の涼み方も楽しもうっと。

第4章

◆

人っていいなあ

ある保護者の悩み

はやと君のお母さんは、わが子を通園施設に通わせる選択をしたことがよかったのかと、思い悩んでいました。大型連休も終わってしばらく経ち、そろそろ梅雨入りかというとさのことでした。

その前年度、自閉症という診断を受けたはやと君は、四月から通園施設に通っています。親御さんは迷いもあったのですが、友だちのなかでの育ちを期待して、一念発起、入所を決めたのでした。ところが、はやと君は、友だちが集まる場所に参加することはほとんどじありません。無理にみんなのところに連れていこうとすると、猛烈に泣き、頭を壁にぶつけてしまいます。そんな姿をまのあたりにしたお母さんは、集団療育に通わせる意味を見失ったといいます。

子どもにとって集団の場が初めてであるのと同じように、親御さんにとってもそれは初体験です。わが子の今の姿がどのように変わっていくのかを見通すのは難しいことです。そんなとき、保育者・指導員、あるいは先輩の保護者からの一言が大きな励ましとなるのです。はやと君の担任は、「はやと君は、安心できる居場所を探そうとしているんだと思う。自分たちが安心できる存在となるように、じっくりつき合っていくね」と、お母さんに伝えています。

事実、シーツを使った揺さぶり遊びを通して、六月ごろには担任との接点は増えていきました。クラスの活動に参加する時間は少ないのですが、担任のところに戻ってくるようになりました。

自閉症の子どもの悩み

いよいよ夏本番、プールのシーズン。就学前の療育・保育において、一夏、しっかりとプール遊びをすることで、子どもたちは大きく変化していきます。プール遊びには、身体全体を使う活動はもちろん、道具を使った目的的な活動など、発達に必要ないろいろな要素がつまっています。しかも、集団の渦ができることで、子ども同士のつながりが太くなっていく大切な活動です。

残念ながら、はやと君はすぐにその輪に加わることはありませんでした。プールに誘おうにも、彼はプールの近くにはいっさい近づいてきませんでした。子どもたちが楽しい歓声をあげているプールは、彼にとって、不快あるいは不安、恐怖の暗黒ゾーンに見えていたのではないかと思わせるほど、強い拒絶を示していました。

不意にかかった水滴が身体を刺すように感じたり、私たちなら無視する雑音が他の音とともに頭のなかで鳴り響いたり、見慣れない食べ物を「この世のものとは思えないもの」に感じたりと、自閉症の子ども・人たちは不安や恐怖の渦巻く、生きづらい世界に暮らしていると指摘されることがあります。その結果、パニックやこだわりといった「行動の問題」となって現れ、それがまたまわりのおとなの誤解を生んでしまうことにもなります。

自分の生きづらさを、まわりにいる人たちがわかってくれないことも、本人の不安や恐怖をさらに深める要因となるでしょう。自閉症は、本人のしんどさがまわりから見えにくいことから、この障害の名前が広く知られるようになった今日においてもなお、彼ら彼女らの感じている困難をしっかりと見すえておく必要があります。

一方で、自閉症の子ども・人たちも新たな自分をつくりあげていく道のりを歩み、いろいろな制約を越えていこうとしています。また、それぞれが生活者として、さまざまな経験を人生に刻んでいます。この発達、生活という視点も、障害をもつ子ども・人たちを共感的に理解するうえで大切になります（発達・障害・生活という視点から、実践的に子ども理解を深めている方々の、次の本はお薦めです。佐藤比呂二『自閉症児が変わるとき』群青社、二〇〇四年。三木裕和『人間を大切にするしごと』全障研出版部、二〇〇八年。ステキな実践に触れたとき、自分の発達研究の「単位」が小さいことを痛感し、それが研究の原動力となっています）。

発達は「つながり」から見えてくる

発達の道のりを理解する際、いくつかの要因のつながり（連関）をとらえる必要があります。

一つめ。ある能力はその前の時期に獲得された能力が土台となって生まれてくるということです。たとえば、第三章で紹介したように、生後四ヵ月ごろに見比べる力が獲得されますが、この力を発揮して外界を知っていこうとすることによって、いろいろなものを区別して認知する力が生まれてくることになります。

その結果、生後八ヵ月ころ、よく知っているものとそうでないものを区別することが可能になり、見知らない人やものに対する不安感情が強まります。人見知りとか場所見知りと呼ばれているものです。ここに、二つめのつながりとして、ある同一時期に異なった機能同士の連関を認めることができます。物事を弁別する認知機能の発達と、不安という情動機能の発達はつながっているのです。

目新しいものへの不安は、外界を知っていこうとする認知能力が土台となっています。つまり、不安という情動と表裏の関係として、外界に積極的に関心を向ける心の働きがあることを見ておくことは重要です。この時期の子どもたちの人見知りを見ていると、そんなに怖いのなら相手を見なければいいのに、わざわざ見ては泣くということがよくあります。「怖いもの見たさ」ということばがぴったりです。

そんなとき、しっかり受けとめてくれるおとながそばにいて、見知らない人と楽しそうに話していると、不安が少しおさまり、自分からかかわってみようとする心が強まってきます。こうしたプロセスで、特定の人を求める気持ちは強まり、同時にそうした情動的なつながりによって、さらに子どもの世界が拡大することにもなります。

「チラリ」に込められた意味

場面は再びはやと君の通園施設。プール遊びはほぼ毎日続いています。先生たちは彼にプール遊びを無理強いすることはありませんでした。でも、そのおもしろさをいずれはわかってほしいという願いは、心の内にしっかりと秘めていました。というのも、手洗い場で蛇口に手をあてて、水がほとばしるのを眺め、そのときは身体が水で濡れても平気なのを知っていたからです。生活を把握していることは、こんなふうに子ども理解を広げるのに不可欠です。

クラスの仲間がプールに入っている間、はやと君は園庭の片隅で、土のかたまりをつぶしていました。担任の先生は、そのかたわらでいっしょにすごし、この「かたまりつぶし」を自分でもやってみて、案外と〝はまる〟ことに気づきます。子どもと同じことをしてみるのも、子どもの心を想像する最初の一歩ですね。

そして、ついに大切な発見があったのです。はやと君は土をいじりながら、プールの方をチラリ。それもかすかなものだったのですが、プールのある日は、何度か確認できたと言います。身体では参加していなくても、見ることで心は参加している。このサインは、おとなの側が油断していては見落としかねないものでした。そんなかすかなサインを感知するアンテナを張るために、発達の勉強とともに、保護者、教師・保育者による、子どもを軸にすえた話し合いが不可欠なのです。

はやと君の「チラリ」から、他の子どもたちと同じように、彼もまわりのものや人の世界に興味を向け、新たなものに心を向けてかかわりたいという願いをもっていることが想像できます。他方、彼には感覚の過敏さや、不安な気持ちをおさめて安心させてくれる人の存在が心に位置づきにくいという、独自な側面がありました。そのことで目新しいもののに不安を感じやすい面があったのですが、仲間が遊んでいるプールに対する前向きな気持ちは育っていたのです。

共通性とちがいを踏まえた工夫と配慮

プールをチラリと見たはやと君をさっそくプールに連れていき、誘い込んだら、無事プールに入れました、とはいきません（そう簡単にいかないところが、障害の有無に関係なく、人間のややこしいところですし、おもしろいところ）。

やりたいけれどもやれないという葛藤を心にいだいていたわけですから、そこを越えるにはそれ相応の準備と手順がいるというもの。先生たちは、まずプールからみんながあがって静かになったところで、そのわきに彼専用のプール（実はタライ）を用意して、小遊びを始めました。このときの彼の満足げな表情を先生たちは忘れられないと言います。

「あぁ、ここに僕の願いをわかってくれる人がいる！」

こうした思いが積み重なって、人への信頼感は増すように思います。

自閉症の障害が特異なものとして現れることから、通常の発達とのちがいのみが強調される傾向があります。その結果、プール遊びとか仲間集団といった「過度の刺激」は自閉症の子どもには苦手なものとして避けられ、そうした活動と出会いがない生活をすごしてしまう可能性があります。

もちろん、はやと君の場合、プール遊びへの願いを実現するために、配慮と工夫が必要であったことは、彼専用プールなどの取り組みから学べることです。発達の道のりの共通性と障害によるちがいを、ともにとらえていく視点をもち、彼が現実の生活で見せる姿から学ぼうとするとき、少しずつ彼の心の動きを想像し共感することが可能になっていくのだと思います（自閉症理解については、赤木和重・佐藤比呂二『ホントのねがいをつかむ―自閉症児を育む教育実践』全障研出版部、二〇〇九年もあわせてお読みください）。

入っていいなと思える瞬間

さてその翌年以降、はやと君は本格的なプールにも入り、たくさんの経験をしました。できることが増えて、経験が積み重なっていくことは大切なことです。

ただそれ以上に、通園一年めのこの年に、葛藤しながら迷っていた活動に、一歩足を踏み出すことのできた自分を感じたこと、そうした自分への手応えが心にのこったことに、大きな意義があったのだと思います。さらに言えば、そうした自分の悩みをわかってくれて、葛藤を乗り越えるプロセスをともに経験し、いっしょに喜んでくれる人がいることを実感できたことは、その後の発達の道のりを明るく照らす灯火となっていたはずです。

それこそが、まわりから強いられてできるようになることでは味わえない、新たな自分をつくる喜びを他者と共有する経験と言えるでしょう。そんな人たちと出会うことで、「人って、いいなあ」という確信を、子どもは（そして、おとなも）深めていくのではないでしょうか。

コラム2

「わかりやすさ」のトリック

「わかりやすさ」が、いろいろな場で求められている。政治やビジネスの世界ではわかりやすく、人の気持ちをつかむプレゼンテーションが必須である。教育の場でも、某ソフト会社のプレゼンソフトを使いこなし、わかりやすく自分をプレゼンする能力が養成されているし、大学の講義もわかりやすいものかどうかが評価対象になっている。大学で使うテキストも、文字数はどんどん減って、ビジュアルになってわかりやすいものとなっている。

＊

私自身も、授業や講演ではできるだけわかりやすさを大切にして、いろいろと工夫して努力しているつもりである。だから、「わかりやすかった」という感想はありがたいものとなっている(拙い話を熱心に聞いていただき、ありがとうございます)。ただ、ちょっと立ち止まって「わかりやすさ」について考えてみる必要性も感じる。

わかりやすいというのには、一つには何だかもやもやしていたことが、ある人の説明を読んだり聞いたりして、どういうことかが整理されたという場合があるだろう。実践現場であれ、世の中の「問題」は、そもそも問題が何であるのかがわからないという問題がある。そこに問題があることさえわからず、何か混沌とした困った状態に置かれているだけのことが多い。そこに、ある視点なり枠組みなりをもってくることで、こういう方向で頭を使ってみるといいよ、と言われて、少し視界が晴れて自分の立ち位置が見えてくる「わかりやすさ」がある。これは実践をすすめていくうえで大切だし、実践が行きづまったしんどいときに、仲間とともに学ぶ意義の一つにもなる。

もう一つには、自分の考えていたこととほぼ同じ枠組みの内容を見聞きした場合も、「わかりやすい」と感じる。すでに知っていること、あるいはその社会で常識として受けとめられていることは違和感なく頭に入っていく。当然のことである。しかし、本や講演などを通して学ぶ前とあととで、その学習者には何か変化があったと言えるだろうか。自分がすでにもっている枠組みにあてはまりやすい内容だったのだから、枠組みそのものは何ら変更されていない。あることを新たに理解したり学ぶことは、自分の知識や枠組みをつくり直していく作業がともない、それはそれでけっこうしんどいプロセスだと思うが、そのしんどさは二つめの「わかりやすさ」においては味わう必要はない。

＊

人の心であれ、社会の動きであれ、いろいろな要因が絡み合った、見えない世界を見すえていかないと、簡単にわかるものではない。ただ、「わからない」状態は落ち着きが悪く、気持ち悪い。だから、みんなで知恵を出し合い、いろいろと試してみたりして、わかろうとする作業をくり返していくねばり強さが必要となる。しかし、効率重視の時代にあって、曖昧な状態に耐えつつ、わからないものをわかろうとするねばり強さが弱まっているのかもしれない。その結果、わかりやすい「お話」に乗っかってしまいやすくなっているのだと思う。ワンフレーズポピュリズムはその典型だった。

状況がわかることは、私たちが主体的にそこに参加するために必要なものだが、わかりやすさのトリックにはまると思考停止状態に陥ることにもなる。注意が必要だ。

＊

どんなに重い障害がある子どもも、自分のまわりで起こっていることをわかろうとしている（第三章参照）。それは自分のもっているものをつくり変える大きな仕事であり、相当のエネルギーを要する。私たちも、お手頃で、一見わかりやすそうに感じられる「お話」でわかった気にならないようにしたい。

とくに子ども理解において、このことは留意したい。心も身体も別の他者を理解するというのは本当に難しいことだ。だから「しょせんは人間理解など無理だ」とニヒリズムに陥らず、あなたのことがわからないからわかるようになりたいと願う人でありたい。この願いは仲間と共有されたとき、忙しさや状況の悪いなかでも持続可能なものとなる。そして、子どものことをもっとわかりたいと願う保育者や教師によって、子どもの発達の豊かな事実が示されてきている。

第5章

◆「わたし」と「あなた」の喜びを重ね合う

親と子は一心同体？

「親と子は一心同体。以心伝心、親は我が子の思いがわかって当然」などと言われることがあります。いまだに日本の社会には、「おなかを痛めた我が子」というきまり文句とともに、母親であれば子の心を手にとるように感じとってあたりまえだという風潮がありま す。そして、それが少なくないお母さんたちを苦しめています。

ある調査の一部で、乳幼児をもつ親にとって我が子がどれくらい一心同体な存在か尋ねたものがあります（柏木惠子『子どもという価値』中公新書、二〇〇一年）。それによると、母親の方が父親よりも一心同体感をもっていないのです。さらにおもしろいのは、父親の中でも、子育てにかかわっている人の方がそうでない人よりも、我が子との一心同体感を感じていないというのです。

世の中で流布している親子観に反するこの結果は、考えてみるとあたりまえのことかもしれません。子どもとじっくりとかかわればかかわるほど、おとなの思い通りに行動してくれない子どもの姿に直面します。親子といえども、それぞれの心は一つではなく、別々の心をもった存在である、もう少し言えば、子どもは子どもの「自分」をもっている。この事実に、まわりのおとながじわじわと気がつかされてくる時期に、この章では焦点をあててみたいと思います。

「される」人から「する」人へ

「お子さんとの食事を一言で表すと？」と尋ねられて、どんなことばを連想しますか。これは川田学さん（香川大学）たちが研究の一部として、赤ちゃんのいるお母さんに質問したものです（川田学他「乳児期における自己主張性の発達と母親の対処行動の変容―食事場面における生後五ヶ月から一五ヶ月までの縦断研究」『発達心理学研究』一六巻一号）。子どもが生後五、六ヵ月のころですと、お母さんたちから「愛」「おもしろい」などと、美しくも穏やかでもあることばが返ってきます。ところが、子どもが生後八～一一ヵ月になると、食事は「闘い」「忍耐」「葛藤」と表現されるようになるのです。数ヵ月にして、微笑ましい食事風景がとたんに戦場と化すのです。

この時期、いったい何が起こっているのでしょうか。生後一〇ヵ月くらいまでは、おとなから「アーン」とスプーンを差し出されて、子どもは食べさせてもらうことがほとんどです。それが生後一〇ヵ月前後くらいから、スプーンを奪い取り、自分で食べようとします。でも、まだうまくできないので、結局手づかみで食べ物がクチャクチャになってしまいます。しっかり一定量のごはんを、しかもできたら汚さずに食べてほしいと願うお母さんがまさに「葛藤」する一コマが生まれます。

また、おとなに食べさせようとする行為も、新たに出現します。昔々の学生時代、初めて保育園の乳児クラスでアルバイトをさせてもらい、この時期の男の子に、慣れない手つきで給食を食べさせてあげていたときのこと。その子は、口の中でしっかりととろけた野菜を、わざわざ口から出して、にこりと笑顔で私に差し出してくれたのでした。一瞬の間（「わあ、どうしよう?」「でも、ゆー君、俺に期待してんな」と心の声）。その野菜を口で受けて、「ありがとう」とお礼を言うと、満足そうな笑顔を向けてくれたしだいです。これが、私の人生初の〝共食《きょうしょく》の儀〟を無事終えた思い出です。

このように生後一〇ヵ月ころというのは、「される」人から、「自分からする」あるいは「してあげる」人に変身する時期と言えます。いよいよ、子どもの心に、ある「つもり」（意図）をもった自分というものが芽生えてきているのです。

「つもりをもった自分」の誕生

つもりをもった自分が誕生するには、次のような発達的変化が前提になります。

一つめに、まわりの世界へのかかわり方や認識の仕方が大きく変化することです。大好きな人に励まされ、目新しいものに心を向けるようになった子どもたちは（第四章参照）、それを人差し指と親指でつまみ上げたり、ものとものとを合わせたりと、ものの形態や機能に応じた使い方ができ始めます。また、生後六ヵ月以降、ものを見るとそれを実際に手や口でいじることが多かったのが、すぐにいじらないで見ることが優先されたり、直接触れない遠くのものを見たりすることで、まわりの世界に関心を向け続けることが可能になります。

二つめに、こうした操作や認識の変化と切り離せないのが、人とかかわる力の変化です。そもそも、子どもが目新しいもの、あるいはそのものの使い方に関心を向けるきっかけは、大好きな人がいて、顔ばかりではなく、その人が見ていることやしていることにも心が向けられるようになることにあります。

そうして、お散歩の途中で見つけた花に人差し指で触れたり、まなざしを向けたりします。そんな新しい世界との出会いに喜びを感じている最中、おとなが「きれいね」とことばを添えることで、人差し指やまなざしが大切なコミュニケーション手段となっていきます。あるいは、大好きなおとなのふるまいに誘われるように、容器にものを入れてみることもあるでしょう。当初、明確な意図は子どもにはないのですが、おとなが「ナイナイできたね」とか「じょうずね」と喜んでいるようすから、子どもは自らの行為の意味を感じ始めます。

以上、二つの心の働きが関連し合いながら、おとなと第三者を共有してやりとりする関係が成立してくることになります。

おとなを求め、その姿にあこがれて自分も同じようにしてみたいと願い、おとなから励まされて、その結果子どもなりのつもりが生まれる。ところが皮肉なことに、それが大好きなおとなのつもりとぶつかり合うことになる。でも、互いにわかり合いたいと、折り合いをつけつつ、つもりを重ね合っていく。このように、心というやっかいなものをもつ人間ドラマが、生後一〇ヵ月ころに始まるのです。

7 わざと悪いことをする

さて、自他のつもり（意図）をめぐる人間ドラマは、開始早々、少々もつれてしまう場合があります。しかしそれは、他者が自分とは異なったつもりをもつことがわかりつつあるなかでなお、いやそうだからこそ、他者とつながりたいという要求が高まっているためなのです。

そうした意味を背景にもつ現象が、わざと悪いことをしておとなを困らせるというものです。通園施設に通うある男の子は、先生や友だちの食器を取って放ったりして、おとなに叱られると笑って逃げることをくり返していました。ほかにも、わざとものを壊すとか、人を叩くといったことをくり返し、おとなの注意を自分に向けさせる行動が見られます。とくに、自閉症において、この問題が相談事項として挙げられることがしばしばあります。もちろん、自閉症という障害をもつから、「わざと悪いことをする」のではありません。そこで、第四章でお話しした、発達の道のりの共通性と障害によるちがいの双方に目配りする必要が出てきます。

障害のない子どもも、生後一〇ヵ月前後に、テーブルからわざとスプーンを落としてニコリ、おむつをはずしてパンツだけでいるとき、ニタッと笑っておしっこをジャー、といったことをよくします。そんなとき、おとなは「コラッ」とは言うものの、叱りことばとは裏腹に、表情や態度はやさしく子どもを受けとめているのではないでしょうか。こうしたおとなの反応や意図を期待して、子どもはおとなと心を通い合わせることをねらって、この種の「いたずら」をしているのです。こうした場面でのおとなの言動には、表面上のメッセージとは別のメタ・メッセージ（この「コラッ」は〝本気じゃないよ〟）が潜んでいますが、このメッセージの二重性を理解することは、ふり遊びやつもり遊びに受け継がれていく、と私は考えています（木下孝司「他者の心、自分の心」、麻生武・内田伸子編『講座生涯発達心理学　2』金子書房、一九九五年）。

「わたし」と「あなた」の喜びの共有

別府哲さん（岐阜大学）は、ある自閉症の男の子のことを紹介しています（別府哲『障害児の内面世界をさぐる』全障研出版部、一九九七年）。その子は、道行く人を叩いて笑って逃げるという「わざと悪いことをする」一方で、先生が指示をしないと、おもちゃや食事に手を出さない「指示待ち傾向」がありました。これら相矛盾するように思われる行動の根っこには、相手の意図に気づく能力を獲得したからこそ、相手の思いを求めたくなる心の働きがあると、別府さんは指摘しています。自閉症の子どもも、障害のない子どもたちと同じく、意図をもつ者同士のかかわり合いを期待する心が確実に育ってくるのです。

一方、自閉症など障害をもつ子どもにおいて、わざと悪いことをして、おとなが怒る反応を期待するという悪循環ループを断ち切り、まわりの人と心地よく交わっていきたいという願いを実現する取り組みが必要となります。

一つは、自分が楽しいと感じているものを、相手も同様に楽しく感じていることを実感する場面を増やして、ポジティブな感情の共有経験を築くことが大切になります。

ただ、自閉症の子どもの場合、楽しさの内容や表現が独特なこともあるので、「遠慮がちな」喜びを見落とさず、表情・身ぶり・ことばで「そのことって、私もこんなに楽しいよ」と返してあげたいものです。全身を使った運動遊びが楽しい活動として選ばれることが多いのですが、活動のやりっぱなしではなく、喜びの相互共有というところまで自覚した実践が必要です。

二つは、自分から相手に見せたくなる得意な活動を探って用意することも重視したいと思います。通常の発達過程において「悪いこと」を通しておとなとつながるよりも、食べ物を相手に差し出す、パンツを洗濯機に入れるなど、新たに獲得した力を、おとなにほめてもらうことを期待して使い込むことの方が圧倒的に多いでしょう。結果、わざと悪いことをしておとなとかかわることは長期化しないのだと思われます。

そこで、「渡す」「運ぶ」「入れる」など、つもりをもって行動し、それを他者から共感的に受けとめられることで、子どもがつもりをもった自分を誇らしく感じる経験が、生活のなかで大切な意味をもってきます。

いまや別々の心をもってしまった「わたし」と「あなた」は、つもりをもって活動する喜びを交わし合って、あらためて互いのつながりを築いていくのです。わたしの喜びとあなたの喜びを重ね合う経験は、その後、仲間と一つのことを成し遂げて「感動」を味わう、人生にとってかけがえのない経験へと継承されていくと思います。

第6章

◆日常の生活で「主人公」になる

ある日のしんちゃん

しんちゃん（ダウン症）は、保育園で生活体験を積み重ねていった男の子です。しんちゃんが三歳半をすぎたころの、ある日のクラスをのぞいてみましょう。

朝の会も終わり、のりこ先生が「今日はお天気いいし、お散歩いこうか。公園でグルグルしようかな。それとも、川のところで（おしりに手をあてるようなしぐさをして）シューってしに行こうか」と提案。もう一人の担任、あつこ先生が「どうする?」という表情をしんちゃんに向けると、「シュー」と自らの思いを表現した。

のりこ先生は、お散歩前のおしっこに子どもを誘う。その間、あつこ先生は、子どもたちの帽子とリュックを並べている。おしっこを終えた子どもたちは、それらを身につけ、くつをはいて、靴箱の脇に置かれた薄汚れた段ボールを手にしている。しんちゃんもおしっこを終えると、さっそく段ボールを取りに行く。

いよいよ出発。しんちゃんは少しずつ遅れてきたが、途中のお宅の犬に「オーイ」とご挨拶。しばらくそのお家の小鳥を見物させてもらう。そして先生に「じゃあ次は…?」とうながされると「シュー」と答えて、河原へと向かう。到着すると、先生といっしょに段ボールをおしりに敷いて、土手滑りに挑戦。下まで滑りきると、土手の上にいる先生や子どもたちに「オーイ」と呼びかけて得意げな表情を見せてくれた。

とりたてて特別なこともなく、ごく普通にゆったりとすぎていくように思われる生活の一コマでした。この場面だけからは、しんちゃんの発達と障害のために何かをしているようには見えないかもしれません。

ところが、先生たちはしんちゃんが「生活の主人公」となることを願い、さまざまな工夫をし、手立てを講じていました。実は、この「ある日」の少し前まで、しんちゃんとお散歩に行くには相当の覚悟が必要で、道に座り込んで動こうとしないことは日常茶飯事でした。金魚鉢はひっくり返す、園庭に傘をばらまくと、トラブル続きだった彼の生活に、どんな変化があったのか。

結論は急がず、まずは「生活の主人公」へと連なる発達の道のりをゆっくりとたどっておきましょう。

心のなかで思い描く力

生後一〇ヵ月ころ、子どもたちはしてもらう側から、自分自身が意図をもって行為する姿を示し始めます(第五章参照)。あわせて、おとなのしていることにあこがれて、そのふるまいをまねしたり、発見したものやほしいものを指さしで伝えたりするようになっていきます。また、一歳をすぎるころから、歩くことに挑戦して、子どもたちの世界は確実に広がっていきます。

そして、一歳半を越えるころより、いよいよ安定した直立二足歩行、目的的な道具使用、話しことばが獲得されるようになります。こうした変化の背景には、さらに心の働きの大きな発達があります。その一つが表象《ひょうしょう》の成立です。

表象というのは、心のなかに何かを思い描く働きのことです。もう少し言えば、そのものが目の前になくても思い浮かべることができるのは、表象能力によるものです。一歳半ころから、子どもが積木をケーキに見立てて食べるふりをするのも、表象能力を発揮しているからと言えます。

また、ことばの発達にとって表象の成立は不可欠です。たとえば、「ワンワン」という音声によって、心のなかに犬のイメージが思い浮かべられて、その意味がわかるのです。あるいは、「新聞取ってきて」という指示が理解できるためには、「しんぶん」ということばによって目の前にない新聞紙を思い浮かべることが必要となります。

表象の成立によって、子どもたちの行為はより目的的なものになり、明確な意図やつもりをもって行為する主体になっていきます。これから成し遂げようとしている未来の状態を思い描くことが可能になってはじめて、子どもは自らの行為の意図をはっきりと保持していると言えるのです。

自ら判断・決定し、思い直す力

一歳半ころの大きな変化を支える、もう一つの心の働きは、「～ではない…だ」と自分で判断して決定したり、自分の意図を思い直して調整したりする力です（詳細は田中昌人・田中杉恵『子どもの発達と診断 2』大月書店、一九八二年参照）。

この力を示す例としてよく紹介されるのが、新版K式発達検査の「はめ板」課題です。丸、三角、四角の穴が空いた長方形の板を出して、まずその一番右の丸い穴に円板を入れてもらいます。それから、板を一八〇度回して、円板をもう一度入れるようにうながします。さきほど円板が入った位置には四角い穴がきているのですが、一歳初期の子どもはそこに無理矢理、円板を押しつけるようにして、結局丸い穴に入れることはできません。こうした失敗を経て、しだいに「こっちではない、あっちだ」と行動を切り替えていきます。そして、そうした「お手つき」をする前に、「〜ではない…だ」というように考えて判断する力を発揮するようになっていきます。

表象の力によって、「こうしよう」という意図を保持し始めた子どもは、散歩の途中で、「あっちのおうちのワンワンを見るんだ」などと強く要求することが多くなります。こうした要求は、自分で選んで決定する力の現れでもあります。ただ、子どもの要求は必ずしも、おとなに承認されて実現されるものばかりではありません。要求がすぐに実現できないと、「だだこね」をしたり、場合によってはパニックに波及したりすることもあります。そんなとき、自分がおとなに受けとめられていることを実感でき、心に余裕があるならば、しだいに「〜ではない…だ」と思い直す力を行使する場面も増えていくことでしょう。

自尊心の芽

自分の意図通りにできなくても、投げ出さず、ねばり強く要求実現に向かっていくために、「〜ではない…だ」という力が必要となります。この力を獲得する過程は、子どもが自分をかけがえのない大切なものとして意識する道のりですし、自らを尊重する心の育ちが「〜ではない…だ」と思い直す力を発揮する基盤ともなっています。

生後一〇ヵ月から一歳前半にかけて、子どもは一つひとつの動作をするたびに、おとなに「ほめてね」と共感を求めるまなざしを向けることがあります。いわばおとなからほめられるのがうれしくて次の行為をしていくのです。

それが、一歳半ころより、いちいちおとなの共感を求めなくても、子どもは自分なりの目的をもって行為することができるようになっていきます。ひとしきり自分の意図を実行してから、「やったよ」とでもいうような達成感を示すようになるのです。その達成感は、ある行為ができた喜びにとどまらず、つもりをもって行為した自分自身が認められた満足感、あるいはそんな自分への自信と呼びうるもので、「自分」という存在を意識したものと思われます。

まだ、ことばで語ることは難しいですが、こうした自尊心の芽に支えられて、「〜ではない…だ」という力は発揮され、またこの力を生活の中で行使することが、子どもたちの自尊心を高めることになるのです。

7 わかって、考える生活

しんちゃんは、担任の先生やクラスの仲間とかかわりたい思いをたくさんもっていましたが、「こうしよう」という意図を心のなかでもち続けることが十分にできませんでした。指先を使う活動が苦手なのも重なって、行為や遊びが途中切れになりやすく、毎日の生活で達成感をあまり感じることがなかったようです。また、そうした自分への手応えのなさが、他者の思いを受けとめていく心のゆとりを奪い、相手との間で折り合いをつけるのが困難な場面もありました。

「自分のできたことを担任や仲間としっかり共有して、達成感を積み重ねていってほしい」と発達課題を立てた先生たちは、日常の生活を大切にした保育を心がけて、しんちゃんが「生活の主人公」になるための手立てをされています。「生活の主人公」になるとは、自分なりにつもりをもって生活し、さまざまな困難に出会った際、他者の助けも借りつつ（この、他者も頼りにするという点が大切）、あれこれ自分の頭で考えていく、といったことをここではイメージしています。

先生たちが留意したことは大きく二点ありました。

その一つが、「わかりやすい」生活。当初、このクラスの散歩は、目的地のイメージがわきにくい、しんちゃんからすると〝必然性〟の感じにくいものであったようです。どこで何をするために、今自分は歩いているのか、という見通しがもちきれないと、それはしんどい活動にしかなりません。散歩先の土手にたまたま落ちていた段ボールを使った、土手滑りが一大ブームとなり(正確には、先生たちが「ブームにした」のでした。偶然の出来事を実践に組み込んだのも、ねらいが明確だったからです。こういう点に「保育の専門性」を強く感じます)、散歩の楽しい見通しが広がりました。また、そのために使う段ボールが、帽子やリュックと並ぶ、重要なお散歩グッズとなり、これらのものをさりげなく配置することが、生活をわかりやすいものにしています。

二つめに工夫したのが、「考える」生活にすること。生活をわかりやすいものにする工夫の一方で、子どもたちがちょっと立ち止まって、次にしたいことをじっくり考えたり、楽しかった経験をゆったりふり返る時間を大切にしています。せっかく「～ではない…だ」と判断・決定する力を身につけてきているのですから、それを生活の随所で発揮してほしいものです。そのために、先生たちは必ず次の予定について、子どもに「相談」しています。

また、案外と忘れがちなのが、活動の終わったあとのひととき。楽しかった経験をふり返ることで、それは表象として心にのこり、かけがえのない自分の内実を豊かにするはずです。

＊

何気ない毎日の生活には、このように子どもが主体として発達していくための「栄養素」が隠されています。一日のなかでもそれぞれの時間帯の意味を吟味しながら、保育実践だけではなく、学童保育や寄宿舎教育など生活をまるごととらえてきた実践から、「生活を大切にした」教育・保育について学んでいきたいと思います。

あたりまえの生活をあたりまえに保障することに、たくさんの実践的な知恵とエネルギーを要する時代だからこそ…。

コラム3

最近、「間」抜けになってません？

一分あたり四〇〇字。

これは、ＮＨＫのアナウンサーがニュース原稿を読む平均的なスピードなのだそうだ。ところが、ある調査によると、五〇年ほど前は、一分あたり三〇〇字のスピードだったらしい。けっこうゆったりとしている。たしかに、昔の報道番組がＮＨＫで再放送されているのを見ると、アナウンサーのしゃべり方がゆっくりであることをあらためて感じる。

ニュース以外のテレビ番組はもっとスピードアップしている。〝バラエティー〟とか〝トーク〟といったジャンルの番組では、テンポよくおしゃべりが進行し、笑い声が絶えず聞こえてくる。テレビに出てくる人は、タレント、政治家、スポーツ選手、誰もがよくしゃべっている。その一方で、ちょっと前のＮＨＫの『プロジェクトＸ』が高視聴率だったのは、前向きにがんばる日本人を思い出させてくれる内容はもちろんのこと、あの、短文をとつとつと語るナレーションがかえって新鮮に受けとめられたからかもしれない。

私たちは知らぬ間に効率的に物事をこなしていくスタイルに慣れ、急かされた生活があたりまえになっている。人と人とのコミュニケーションの世界もスピードアップし、短い時間で効率的にたくさんの情報を伝えることが最優先課題になっている。その結果、私たちのコミュニケーションに何か抜け落ちてしまったものがあるように思う。それが、「間《ま》」である。

＊

おとなと子どものコミュニケーションにも、いっぱい大切な「間」がある。

自らの稚拙さをさらけ出すようでお恥ずかしい限りなのだが、発達相談をしていて反省したことがある。通園施設で出会ったその子どもは、脳性まひという障害をもち、座位はまだとれない。ものに自分から手を出すことはなく、姿勢の取り方によって追視がしっかりと確認できたりできなかったりという状態であった。一方、音に対して反応はよく、楽器の音色が聞こえてくる方に頭を向けようとしたりする。

その子と最初に出会い、私は何とか私のことを見て、ものをしっかり目でとらえてほしいと思った。その結果、私はその子の名前を呼びかけつつ、音の出るものをさかんに鳴り響かせていた。そのときのビデオを見て痛感したのだが、そこには「間」というものがなく、見るという反応を音刺激で何とか起こさせようとしていただけであった。「何だろ、この人は？」「何だこれ？」と、その子が自分から行為を立ち上げる「間」があって、コミュニケーションは始まる。

＊

おとなのことばを理解し始めるころから、子どもはよりいっそう、わたしたちと生活の基盤を共有するようになる。おとなの意向がそれなりに伝わり始めると、私たちは、「はい、○○して」「じゃ次は△△して」と、指示をすることが多くなる。子どもにしてみれば、「そんなこと言われなくても、やろうと思ったのに」ということもあるだろう。でもついついお節介したくなるのが、親心であり教師心というもの。ただ、ますますせっかちになってきている世の中にあって、子どもが「さあ、次はどうしようかな？」と、行きつ戻りつ、納得して生活していくだけの「間」も大切にしたい。

一方で、「無駄口ばかり言っていないで、さっさとしなさい」ということばが、子どもに向けられることがある。見方によっては、子どものおしゃべりほど情報伝達効率の悪いものはないだろう。同じことのくり返しは多いし、新たな情報は付加されにくい。でも、同じことをくり返しおとなに尋ね、自分でもおしゃべりするなかで、自分のことばが聞き取られているという実感はたしかなものになる。

この実感は、「間」抜けでは得られないものだろう。「間」をしみじみと味わえるのも、大切なコミュニケーション力だと思う。

第7章

◆コミュニケーションのズレに隠されたもの

コミュニケーションにズレはつきもの

効率重視社会においては、効果的に情報伝達をして自己アピールするコミュニケーション力が期待されています。また、日常生活においてマニュアル化された「コミュニケーション」が横行しているのも、トラブルなく人間関係を処理していこうとする効率重視の産物ではないかと思います。

ところが、現実のコミュニケーションは効率的に進行するものではなく、いつもズレや葛藤がともなうものです。相手と心を通わせたいと自分の思いを伝えようとしても、うまく表現できないもどかしさを感じたり、相手との距離をあらためて感じたりします。あるいは、ある人に隠しごとをしてコミュニケーションを遮断しようと思ったとたんに、その人のことが逆に気になってしまうことだってあります。

こうした逆説的で、やっかいな心の動きを伝え合うコミュニケーションには、とまどいや切なさ、苦悩がともないます。だからこそ、通じ合ったときの喜びは大きなものとなるのです。その喜びが、「あなたの思いがわからない。けれどもわかるようになりたい」、「私のこと、もっとわかってほしい」という願いをさらにたしかなものにしていきます。

効率重視社会のもと、通じ合えないつらさ、伝えきれないもどかしさというものを排除したところで、コミュニケーションがあつかわれている気がしてなりません。そこでこの章では、コミュニケーションのズレと向かい合いつつ、それをおとなも子どもも越えていこうとする営みにスポットをあててみたいと思います。

1 スプーン投げに込められた本当の願い

二〇〇六年の全障研全国大会（奈良）の「発達のおくれ」分科会で、沖津美奈子さん（仙台市なのはなホーム）から報告されたレポートは、通園施設に通うさときくんの本当の願いをていねいに探った実践でした。

身体も小さく弱かったさときくんは、通園施設に通い始めても、なかなか自己主張できなかったといいます。それが療育二年目になり、不器用さはあるものの、はりきってスプーンで食べる姿が出てきます。それを見た担任の先生方は、「一人で食べきるように待つ」ことが、彼の「おにいさんになりたい」願いに応えることだと考えました。ところが、彼はすぐにスプーンを投げてしまい、注意されることが多くなります。さときくんのはりきる姿に込められたメッセージと、スプーンを投げる行動とのズレに先生方はとまどわれます。

ある日の食事場面、園長先生の手助けで、さときくんは一番に食べ終えて、その日の午後の活動にも積極的に取り組んだのでした。大きくなった自分の価値を、食事場面で感じたい。けれども、友だちが次々と食べ終わり、一人取りのこされる現実を前にして葛藤する心が、スプーン投げとして現れていることが見えてきました。

ならばということで、その後、手づかみでも食べられるおにぎりなどを出して、「一番に食べ終われる」指導に切り替えます。しかし今度は、食事の時間になってもさときくんは席に着こうとしなくなったのです。お腹が減っていないわけではありません。また、友だちのままごと遊びに加わった彼は、お茶碗とスプーンをもって食べるまねをしており、先生が「さときくんもスプーンを使えるんだよね」と尋ねると、しっかりと「うん」と答えたといいます。そこから先生方は、「友だちのようにスプーンを使って食べることができる自分の力を信じてほしい」という願いを読み取って対応を変え、たくましく自己変革の道を歩む姿に感動をあたえられています。

私たちは、子どもが一人でいろいろなことに挑戦しようとする姿を、心強く思い、同時におとなの一方的な期待を向けることがあります。そこに、ある種のコミュニケーションのズレが生じることになります。沖津さんたちの実践は、子どもの示す姿から本当の願いを探る試みをねばり強くすすめ、両者のズレを越えていくものと言えます。

心の世界の広がり

さて、大きくなった自分の価値を自ら感じ、それをまわりの人にも認めてほしいという願いは、子どもの心の世界が広がっていくプロセスと歩調を合わせてふくらんでいきます。

一歳半ころより、目の前にないものを心に描く表象能力が芽生えてきます（第六章参照）。その結果、心の世界が形づけられていきますが、一歳台ではまだ表象できる容量が少ないようです。「〜してから…する」と同時に二つ以上のことを心の世界に描き続けるのは、歳台の子どもたちには少し荷が重いのです。それが二歳くらいから、一度に心に保持できる容量が増してきて、いくつかの行為を連ねて成し遂げることが可能になっていきます。日常場面において、「遊び込む」ようになった姿として、おとなの目には映ることでしょう。

また、子どもたちは自分の体験したことやものを表象して心にのこしていきます。心のなかで保持できるものが増えていくなかで、「コレ、シッテル!」「シタコトアル!」と、まわりの世界が子どもにとって馴染み深いものと映り、「モットモット」世界にかかわっていこうとする能動性を高めていきます。散歩の途中、ネコを見つけては「ワァ、ネコサン!」「マタ、イタネ」と熱い思いを込めて教えてくれる姿は、絶滅動物を探し求める学者以上のエネルギーを感じます。また、同様の力強さは、楽しいことは「イッパイ」したくて、「モウイッカイ」という要求にもなって現れます。

以上のように、外界を映し出す心の世界が広がっていくことで、子どもたちは表象の世界でしかとらえられない概念に気づき始めます。一度にいくつかのものを心に描くことで、それらの類似性に気づいて「~ミタイ」と見立てる力を発揮したり、あるいは相違に気づいて「オオキイ—チイサイ」などと比べる力を生活のなかで使うようになっていきます。これがまた、世界を見る目を大きく変えて、まわりのものにかかわる子どもの能動性を助長し、よりいっそう心の世界を広げていきます。

この「思い」をわかってほしい

二、三歳という時期、子どもは心の世界を広げ、子どもなりの何らかの「思い」を心にいだくようになります。ただ、その内容をまだ明確に言語にできない、という悩みもともないやすいように思います。

たとえば、こんな例。二歳ごろの子どもと砂場で遊んでいると、砂をもったお皿や泥水入りカップをよく差し出してくれます。そこで「これ、何？」と野暮質問をすると、〝う〟とつまってモジモジ…。一方、「おいしそうなゴハンね、ありがとう」と返してあげると、満面の笑みが返ってきます。きっと子どもは、何らかの食べ物をイメージして「思い」をもっているのでしょう。ただまだ、ことばの力でそれをさらにふくらませ、他の人に伝えきれず、もどかしさを感じているのかもしれません。

ことばも他の表現手段も、まだまだ拙いのでうまく伝わらないけれども、自分の「思い」が相手に届いているぞ、という実感をもつこと。その点に、障害の有無に関係なく、自分づくりの基盤として大切な意味があるのではないかと、私は考えています。

一方、子どもが未熟ながらもことばによるコミュニケーションの舞台に上がってきたように見える時期、かえってコミュニケーションのズレが生じやすくなるように思います。ある程度ことばが通じるようになって、おとなの方が子どもも自分と同じようにわかっていると誤解してしまうことに、ズレの原因はあります。そして、子どもの「思い」は誤解されたまま、両者のすれちがいから、〝心ならずも〟子どもは叱られることが増えていくように思います。

行為の要求と自我の要求

そんな場面を、神田英雄さん（桜花学園大学）が示している例で考えてみましょう（神田英雄『伝わる心がめばえるころ』かもがわ出版、二〇〇四年）。

二歳の子どもとお母さんが買い物に出かけて、二人ともくたくたに疲れた帰り道。子どもが「オンブして」と要求してきます。お母さんも疲れているので、なだめたり叱咤したりして少し歩き続けるのですが、ついに子どもは「オンブ」を絶叫。お母さんはついに折れて、「しょうがないな。オンブしてあげるから」としゃがみ込みます。

ここでクエスチョン。そのままオンブしてもらえばいいところですが、その子は別の行動に出ました。どんなことをしたのでしょうか？

（……目を離して、ちょっとあれこれ想像してみてください……）

この子どもは、最初にオンブを要求した地点まで走って戻ってから、「ここからオンブするの！」と要求したのでした。もちろん、個人ごとのちがいはあるでしょうが、この例は二歳ごろからの、あるいは自我というものを形成し始めた子どもの心を、なかなかよく表したものです。おとなの立場からみれば、最初の地点までそんなに走れるのだったら「歩ける元気はのこってるでしょ」と言いたくなる行動です。疲れ切ったわが身だったらと想像すると、きっと子どもを怒鳴り散らしていると思います。

神田さんは、二歳児の要求は二重構造になっていると指摘します。一つが行為の要求で、「オンブしてほしい」などことばにした通りの要求です。もう一つが、自我の要求とでも呼べるもので、「自分を認めてほしい、尊重してほしい」という要求です。上記の例で、ことばによる表現力があれば、「今日はいろいろあってしんどかったけど、何とかがんばったよ。そんな自分の思いをわかってね」とでも言えそうな内容です。

こうした要求の二重構造によるコミュニケーションのズレは、二歳児だけのことではなく、どの年齢でも問題になることではないでしょうか。そして、行為の要求は、内容によっては社会生活や家庭のルール上応じにくいことがあります。一方で、子どもの自我の要求を探りあてることは、大切にしたいことだと思います。

行為の要求は「受け入れる」ことは困難なことがあっても、自我の要求は「受けとめる」(「受け入れる」と「受けとめる」のちがいについては、白石正久・東京知的障害児教育研究会『自閉症児の理解と授業づくり』全障研出版部、二〇〇六年も参照)。そうした原則に立って、おとな同士が子どもの事実を伝え合い、子どもの自我の要求に対して「あなたのがんばりやしんどさはわかったよ」と、心から伝えてあげればと思います。

一九九〇年代後半あたりから、幼児期においても子どもの「荒れ」や「キレる」といった現象が指摘されるようになりました。その背後にはいろいろな問題が隠されていますが、自分の思いがおとなに受けとめられているという手応えを、子ども自身が感じにくくなっている状況があるように思います（詳しくは、木下孝司「二歳児の自他関係と自我の発達」、清水民子他編『保育実践と発達研究が出会うとき』かもがわ出版、二〇〇六年参照）。その結果、行動としてはおとなの感情を逆なでするようなふるまいをしていても、心の中では自我の要求を受けとめてほしい思いでいっぱいであることを、私は実践現場の先生方に教えていただきました。

子どもとのコミュニケーションのズレに向かい合った実践から、コミュニケーションは単なる情報伝達のためのものではなく、自我あるいは人格の交わりを求める活動であることに、あらためて気づかされます。

第8章
◆私のなかの〈私たち〉

気づかい合う子どもたち

「親友」というと、私の心のなかには中学や高校時代、大学時代のなつかしい顔が思い浮かびます。たまに会っても、いきなり腹を割って話ができる仲間たちです。あるいは、目の前にはいなくても、自分がしんどい状況に立たされているときに、「がんばれよ」と心の声を投げかけてくれる存在でもあります。意見や好みがまったく同じではなく、衝突することもありましたが、仲間として受けとめられている感覚は暗黙の前提になっています。

ところが、最近の子どもたち（とくに思春期以降の）にとって、「親友」というのは、できるだけ傷つけないよう、細心の配慮をすべき相手となってきているようなのです（土井隆義『「個性」を煽られる子どもたち』岩波ブックレット、二〇〇四年)。深刻な悩み事を相談するのは、相手を「重くて、くらーい」気分にさせるので、「親友」にはタブー。相手に嫌な思いをさせないために、あれこれと気づかって「空気を読み」、かなりのエネルギーをかけて友人関係は維持されているのです。仲間といる安心感以上に、仲間であるための緊張感が、子どもたちの人間関係には充満しているようなのです。

彼ら彼女らも、独りであることへの不安を痛切に感じ、仲間を求める気持ちは大きくあります。だからこそ、相当のエネルギーを使って、仲間との関係が切れないための努力をしているわけです。また、ときに、人間関係の維持に向けた努力が少ないように感じられる他者に、「自分はこんなに気づかっているのに、おまえはずるい」とばかりに厳しい対応が向けられることもあります。

今、子どもが発達していくうえで、仲間との関係づくりは中心的な課題になっています。ここでは、その社会的背景をふり返り、子どもの自分づくりと仲間関係について考えてみたいと思います。

1 個別化(モジュール化)する社会

「親友」概念の変容ぶりに驚きを感じつつも、それを子どもたちの社会性の未熟さに帰属させるわけにはいきません。人間関係を気づかう子どもの姿は、現代の社会、あるいはおとなの世界の反映なのです。

経済効率を重視する社会において、人々は個別に切り離されバラバラにされてきています。生産や経営の場においては、仕事を細かな単位にわりて、徹底した分業体制を追求する、モジュール化が進んでいます（人間の能力をいろいろな機能にわけて、モジュールの集合体と見なす発想は、近年の発達研究にもあります。それが教育実践にどんな影を落としているのかについては、拙論「子どもの発達をめぐる最近の研究動向—認知発達研究に潜む問題点と教育実践」『障害者問題研究』第三七巻二号をお読みください）。

部門（モジュール）ごとに、派遣労働も含めて外注化された結果、全体を把握できる人間が少なくなり、そのことから逆に請負企業の要求でコストが増えるなど矛盾が現れている企業もあると聞きます。

他方、消費拡大のもくろみによって、八〇年代以降、消費の単位が個人になっています。たとえば、電話。小学校低学年まで私の家には電話はなく、クラス名簿にはご近所の電話番号が「〇〇方（呼）」とともに記載されていました。私の家庭の経済事情もあったのですが、当時（四〇年も前ですね）、電話のない家庭はまだありました。その後、地域に一台だった電話が家庭に一台となり、今や一人に一台の携帯電話の時代です。他の電器製品も一人に一台のものが増えてきています。

商品を購入する際、一家に一台の時代にあっては、優先順位を決めるのに家族会議が開かれたりしたものでした。それが今や、どの街も同じような景観にしている「消費者金融」に、「自己責任」で借金をすることがテレビで誘われる時代です。

経済効率重視の政策によって、人々のつながりが断ち切られる一方、「自分らしく」「オンリーワン」であることが経済的利益と結びついて求められているのも、現代社会の特徴です。結論を急げば、その結果、個人の責任で自らの能力やスキルをバージョンアップすることが強く期待されるようになっています。本屋さんのビジネスマン向けのコーナーに行くと、そのための「処世本」や「ハウツー本」の何と多いことか。そこで紹介されている「自己改造」の方法では、心理学の知識や技術がかなり応用されています。

集団を通して個人が輝くとき

この社会的な光景は、最近の教育現場とだぶって見えてこないでしょうか。自立した「強い個人」になるために、それぞれの足りない能力やスキルを、個別に獲得させる方法論に傾斜する「教育」は、今日の社会状況を映したものだと思います。

一人ひとりがかかえている困難に対して、個別的に手立てをしていくことは必要なことです。ただ、現代社会に生きる子どもたちの姿を前にすると、自分の存在が仲間から受けとめられ、自分が仲間から必要とされていると実感できる場を用意することが急務ではないかと思います。「一人ひとりを大切にする」教育は、子どもたちをバラバラにした状態で構想できるものではなく、互いに認め認められる仲間集団を出発点にすべきだと思います。

ここで、神戸大学附属特別支援学校の実践を一つ紹介しましょう（詳細は、二宮厚美・神戸大学附属養護学校編著『コミュニケーション的関係がひらく障害児教育』青木書店、二〇〇五年）。

中学部の、ある年度初め、小集団ながらなかなか自分の思いが出せず、子どもたちが集えないことがありました。先生たちは学級活動として野外バーベキューを行い、楽しい場であることをしっかりと実感してもらおうとします。

次いで、担任はみんなが集える場所をつくろうと提案し、ウッドデッキづくりに取り組みます。そこには当然、いろいろな作業が含まれていて、どの子どもにも出番があります。ウッドデッキは夏には完成してほっこりタイムをすごすのですが、合わせて制作したテーブルセットを載せるとちょっと狭い。そこで、二学期にはウッドデッキを拡張します。さらには、雨でもすごせるようにしたいねということで、屋根までつけてしまいます。

週二回の学級活動を使ってのゆったりとした実践ではあるのですが、集団づくりを中心にすえた、約六ヵ月にもわたる取り組みでした。発達の状態や障害にはちがいがありつつも、中学部にもなると、長期間にわたってみんなの力でスケールの大きなものを生み出せることに感心したしだいです。

そのプロセスにおいて、家の形が次第にできるなかで、仲間と関係がとりづらいと思われていた生徒も集うようになり、その彼がみんなの苦手な作業をやってのける姿を見せるようになります。それに一同「すごいなあ」という思いが寄せられ、仲間から必要とされている自分を感じる一コマが生まれています。

また、作業中にペンキやセメントを友だちにつけられ、以前なら「大事件」になっていた場面で、実際にはトラブルになりませんでした。一人では成し遂げられない「大きな仕事」に立ち向かっているとき、小さなことは大目にみることができるのだと思います。「〜ケレドモ…する」自制心というものは、個別的なトレーニングではなく、仲間関係が育つことで発達すると強く印象づけられた実践でした。

７ 集団の発達──情動からイメージの共有

さて、以前の発達心理学では、乳幼児にはあまり仲間関係が認められないとされてきました。しかし、ていねいに見ていけば、幼い子どもたちも仲間を特別な存在として見て、かかわっていることがわかります。

生後九ヵ月の乳児が、自分と同年齢の赤ちゃんの写真やビデオを好んで見る、という実験研究があります。乳児期から、自分と体つきや動きが似ている存在を区別して、それに注意を向けやすいというのは驚くべき能力です。

一歳児になるると、自己意識が芽生えるのにともない、かなり自覚的に自分と友だちを同じ子どもとして気づくようになります。保育園の給食前の時間、スプーンで机をトントン叩いてほほえみ合うなど、仲間と同じ動作をして喜び合うようすがよく見られます。情動や身体性に支えられた仲間関係と呼んでおきたいと思います。一方、それぞれが自分なりの意図をもち始めているために、かみつきなどのさまざまなトラブルが多発するのも事実です。

二歳児だと、さらにこんな姿。ある園の二歳児たちが、公園に置かれた丸太に乗って「ウーウー」の大連呼。第三者には何をしているのかよくわからないのですが、何だか楽しそう。聞くと、昨日、クラスみんなで消防車に乗せてもらい、その感動がこの遊びになっているのでした。イメージの世界を共有した仲間関係のはじまりといえるでしょう。ただ、二歳児ですと、思いをことばで理解し合うのはまだ難しいので、過去に同じ体験をしていることが、イメージの世界でつながるための必要条件ではあります。

内なる他者とかけがえのない自分

三歳児になると、いよいよ子どもたちがことばを通してつながりを深めていきます。四歳になった子どもが増えてきた三歳児クラスの給食場面、子ども同士のおしゃべりと笑い声は絶えません。それは、〝おしゃべりしナガラ、食べる〟と二つのことに同時に注意を向け始めた証でもあります。

そうした認知発達に加えて、仲間と通じ合うことそれ自体をいっそう求めるようになっているのも、三歳児の絶えない笑い声の背後にはあります。私がカメラをもって園に登場すると、「かめらまん」と言っては笑い合い、別の子が「かめ」と言っては大爆笑（売れないお笑い芸人を連れてきてあげたい）。話の中身は問わず、子ども同士で笑い合うことそのものが楽しくてしかたないようです。

個々の子どもが通じ合うなかで、「子ども対おとな」でかくれんぼをするなど、「ぼくたち、わたしたち」の世界が子どもの心にはでき始めます。

私たちは、心のなかに複数の声をもっていて、相互に対話したり相談したりして、ある判断をしたり、自分自身を激励したりしています。その心の声は、大切な他者が内面化して形成されていくものです。三歳から四歳にかけて、仲間が大切な他者として心の中に位置づいていきます。そうした「内なる他者」（フランスの心理学者ワロンのことば）に見守られ、評価され、必要とされることによってはじめて、「かけがえのない自分」を感じることができるのです。

子どもの心に、暖かいまなざしを送ってくれる仲間を「私たち」として根づかせていくことが、自分づくりのたしかな土台となるでしょう。こうした仲間づくりは、個別化を辿る経済効率社会から子どもを守る最優先課題なのです。

コラム4

モジュール化

モジュールというのは、装置・機械・システムを構成する部分で、機能的にまとまった単位を指す。工学系で使われ始めたことばのようだが、ビジネスなどの世界でも使われている。それはコストカットの方法として、あらゆる業務をモジュール化する。マニュアルを決められるところまで業務を区分けして、小さな作業単位にして、それを非正規雇用に外注化する。新自由主義による経済効率追求の波によって、この手法は確実に広がっていることはご存じの通り。

その結果、派遣労働者、非正規雇用労働者の生きる権利が踏みにじられ、それがようやく社会問題となった。実は、企業サイドもいくつかの落とし穴にはまっているらしい。業務を細分化して外注化したあまり、個々の作業の意味や全体を把握する人が本社にいなくなってしまったという。また、外注化した業務をいわば人質にとられ、下請け会社が業務委託料の値上げを要求し、結局コスト増になった例もあるとか。

＊

これはビジネスでの話だが、この動きとほぼシンクロして、教育や心理学の世界でも、はたまた市井の人間関係の場においても、モジュール化の波がおよんでいる。人間は、言語理解モジュール、言語産出モジュール、心の理論モジュールの集積であるとする人間観が研究の前提になっていることがある。あるいは、そうした人間観に基づいた教育プログラムが構想されたりもしている。協同的集団よりも砂粒化した個別主義など、人間の労働、能力、人間関係がバラバラにされているところに、今の社会の基本特徴が浮かび上がってくる。

それは消費拡大を目論んだ人たちが、個人を消費単位と見なし、「自分らしく生きる」キャンペーンが官民あげて展開され、臨教審で「個性重視」が唱われた一九八〇年代に起源がある。

＊

一見無縁に見える物事は、意外なところで関係し合っている。人間の発達はいろいろな力がつながり合って進んでいくのと同じように、社会のさまざまな出来事もいろいろなことが関係し合って引き起こされている。そのことを掘り下げてみることが、現状を変えていく第一歩だと思う。

第9章

◆仲間から必要とされる自分

ナイショの結婚話

ある保育園の四歳児クラスの散歩に同行したときのこと。集団から遅れ気味の女の子と男の子が、小声で何やら一生懸命おしゃべりしています。その後ろを歩いていた私の耳に聞こえてきたのはこんな話でした。

「ともくんは誰と結婚するん?」、「ぼくな、お母さんと結婚するんや」、「お母さんはお父さんと結婚してるから、できひんねんで」。男の子が答えにつまると、女の子「じゃあ、誰と結婚するん?」。男の子はその勢いに負けて再び絶句。

(ともくん、わが同志よ…)

私がこのやりとりに思わず声を出して笑ってしまうと、女の子は「聞いとった？」と尋ねてきます。「ううん、聞いてないよ」と答えると、ホッとした表情で、さっきより小声でおしゃべりを続けます。

四歳児くらいから、結婚話が子どもの間でもちあがるようです。それは異性関係を意識したおませな話というよりも、人との気持ちのつながりを意識し始めた現れではないかと思います。

四歳台に発達の節目があると言われていますが、人間関係のあり方にも変化が起こっています。その変化を切り口にして、自分づくりにとって仲間のもつ意味をさらに深めていきましょう。

「友だち」や集団を意識するころ

四歳すぎ、人間関係を見つめ直す姿が見られます。第八章でお話ししたように、三歳ごろ、仲間を求める気持ちは高まり、いっしょに笑い合うことが大好きになります。四歳児にとってもその気持ちは同じなのですが、少しようすが変わってきます。

友だちが遊んでいると、楽しそうな雰囲気に誘われてスーッと入ってくるのが三歳児。それに対して、四歳児になると、すぐに遊びに加わらないで、ようすをうかがう姿を見せることがあります。すでに進行している遊びのやり方や、友だち同士の関係などをあれこれ観察しているのです。そうしたことがわからない状態で無理に誘うと、「こんなん、つまんないよ！」と、思わず心にもない憎まれ口を発する、なんてこともあります。それを「後悔」し、どんよりした気分を引きずってしまうのも四歳児なのです。

こうした経験を重ねつつ、「友だち」とか「仲よし」ということを意識し、どうしたら仲よくなれるのかを試行錯誤する時代が始まります。ずっと本人の中では自覚なくすごしてきた、クラスやグループといった「集団」があらためて意識され直し、そのなかでの自分の位置や役割に心が向かうようになります。その結果、仲間から認められたいという思いはよりいっそう増し、「○○ちゃんみたいにしたい」と仲間をあこがれる気持ちも高まっていきます。

思考をめぐらせ、見つめ直すころ

四歳児は、仲間関係だけではなく、まわりの世界の出来事や自分についても見つめ直すようになります。

泥だんごの師匠にして、遊び研究者である加用文男さん（京都教育大学）は、おもしろい研究をされています（加用文男「幼児のプライドに関する研究」『心理科学』第二三巻二号）。保育園に行って出会った子どもを突然ほめたたえるのです。いきなり「今日の君はステキだよ」などと言われて、私たちなら面食らってしまう状況です。

二歳から三歳の子どもは、突然の賞賛シャワーを浴びて、まんざらでもなさそうなのですが、四歳児は「何のこと？」と逆に尋ねてきたりします。ほめられるにはそれだけの理由があるはず、ということなのでしょう。この時期の子どもたちが行動するには、単なるおだてではなく、それなりの意味づけや理由が必要になることを示す研究結果でもあります。

四歳から五歳にかけて、表面的なものにすぐに反応せず、思考をめぐらすことができ始め、自分やまわりの出来事を「ちょっと待てよ」と見つめ直すようになります。ここには、心のなかでつぶやきながら、ことばを使って考える力の育ちを見ることができます。おとなや仲間と互いの思いをことばで伝え合うことによって、「心のなかの対話」の土壌が耕され、考える力の根っこが育ってきているのです。

思考をめぐらせることで、子どもたちは「見えないもの」を見ようとしていると言えます。たとえば、人の心。急に賞賛してきた人の下心を探ってみたり、元気のない友だちの気持ちを想像したりするのは、見えない心の状態を見ようとすることです。人の心を意識するからこそ、「ナイショ」話や、「人知れず」自分の思いを秘める姿が見られるようにもなります。

もう一つ、物事を成り立たせている法則とかルールも、目で見えるものではないですね。いろいろな現象を見て、「～のときは…」「～したら…になる」といった法則性らしきものを取り出して説明するのも四歳すぎくらいからです。

ある男の子が初めて飛行機に乗ったときのこと、シートベルト着用のサインが消えて、父親にホッとした表情でもらした一言。「こんなに高くのぼっても、本当は物は小さくならないんだね」（G・B・マシューズ『子どもは小さな哲学者』思索社、一九八三年）。この子はきっと、飛行機が飛び去っていくようすを何度か目撃し、機体は小さくなって消えてなくなる法則性を見出していたのでしょう（そして、おとなが考える「初体験の不安」など序の口の、生死をかけた恐怖を感じていたのかも）。

心揺らぎやすきころ

以上のような力を獲得し始めた子どもたちは、「すごい」仲間の姿を見たり、おとなの期待を読み取りつつ、心の内で「こうありたい」自分を描き、がんばろうとする気持ちが高まっていきます。どんなふうにしたらいいのかを本人なりに納得して、ちょっとしたきっかけがあれば、たいへん大きな力を発揮してくれます。

その一方で、ちゃんとしなくてはいけないという思いが強い分、心が大きく揺らぎ、気持ちの崩れが生じやすい場面もあります。それは、見つめ直したり、ある判断をするときの基準が、まだまだ一面的で、融通の利くものになっていないことによります。たとえば、跳び箱が「うまくできる」ことは、〇〇君のように四段を勢いよく跳べることで、それ以外は「うまくない」と二分的に考えたりすることがあります。また、そうした固い基準やルールを、善意から友だちに振り向けることもあります。しかし、それは他人の弱点を指摘しているようにしか見えず、新たなトラブルの火種となってしまいます。

がんばりたい気持ちはありながら、うまくできない状況に置かれると、子どもは人の心を理解する力を発揮して、おとなの期待や価値を一面的に取り入れていくことが、場合によっては出てきます。友だちを注意する口ぶりが、保育者・教師とまったく同じでドキッとしたとささやかれるのも、そうしたころです。本人が納得してわかることを経由しないで、おとなの顔色によって、子どもが行動を取り繕うことがないよう留意したいところです。

一人ひとりの良さをつぶやく

このように心が大きく揺れ動く子どもに対して、判断や評価の基準の多様性と厚みを示してあげたいと思います。

四歳児クラスのある一定の時期から、コマ名人など「〇〇名人」が誕生してきます。ある保育園では、コマ名人のすごさに圧倒された一部の子どもたちが、コマ回しから遠ざかるということが起こりました。でも、内心はいつも気になり、尻込みする自分を情けないと感じていたようです。そこで、先生たちは、コマ回しに関係する名人の種類を増やしていきます。「ひも巻き名人」、「手で回す名人」などの称号をあたえて、子どもの評価基準を広げているのです。

おもしろいのは「まねっこ名人」。友だちのことをよく見て、まねっこしたねという称号です。まねっこ（模倣）というと、創造的ではない、レベルの低いものと思われがちですが、これが案外と難しいのです。漠然と友だちを見ているのではなく、あるときは手の動きを、そして別のときは足の構えを見て、どうしたらいいのかを考えることも、立派に学びの第一歩となるのです。

それぞれの子を「〇〇名人」にする実践は、コマ回しといった技能的なことに限らず、その子の良さや輝いていることを見つけて、それを集団に伝えていく取り組みにほかなりません。それは、この時期の子どもの人間理解を豊かにするうえで不可欠です。

目では見えない人の心を読み取り始めた子どもたちは、「しんせつ」とか「いじわる」など人の特性も把握し始めます。あるいは、「この子はいつも先生に叱られている、良くない子」といった人間理解も始まります。そうした理解を一面的で固定的なものにしないために、保育者・教師が一人ひとりの子どもを多面的に理解して、それを子どもに伝えていくことを意識的に行う必要があるのです。

仲間同士の育ち合いを大切にした障害児保育の実践では、四歳児クラスにおいて、保育者がすべての子どもの良いところやがんばっていることを見つけては、他の子どもに聞こえるようにつぶやいているように思います（もちろん、正面から、子どもに言って聞かせることもありますが、「聞こえるようにつぶやく」のも子どもの心に響いているようです）。

必要とされている自分

冒頭でも述べたように、子どもたちにとって仲間の存在は特別な意味をもち、認識の発達も手伝って、目では見えない心のつながりというものに敏感になっていきます。そんな彼ら彼女らに感じとってほしいのが、「必要とされている自分」です。みんなのために自分の力を発揮して、仲間の役に立ち、頼りにされる経験が、自分をかけがえのない存在として大事に思う気持ちを育てるはずです。

仲間のために食事を用意したり、重たい荷物をいっしょに運んだりする。あるいは、自分より経験の少ない仲間に、仕事の手順を教えてあげる。そんな出番は、幼児期から青年期・成人期まで、生活のあらゆる場面でつくりだせるものです。それらの場面は、教師や指導員が相手になっている場合であっても、きっと「良くできたね」という評価的ことばよりも、「ありがとう」という感謝のことばが似つかわしいはずです。

自分のことも一人でできないのに、人の役に立つことなど無理…？

そんな、今の世の中に流布している個別的な段階論的「自立」観とは決別したいものです。仲間とともに育ち合い、「必要とされる自分」を感じることが、かけがえのない自分づくりを先導しているのですから。

第10章

◆変化していく自分

そういうこともあるんだよね

ある幼稚園でのお昼時、午前中にオニごっこをたっぷり遊んだあとのこと。それぞれグループごとに配膳して昼食を食べ始めていますが、一つのグループだけ用意ができていません。当番にあたっているふうやくんが疲れたからやりたくないと、机に伏せたままだったのです。先生が他の友だちが困っていることを伝えてうながすのですが、いっこうに動こうとはしません。

そんなやりとりを聞いて、別の女の子がぽつりと言ったのが、

「そういうこともあるんだよね」

その声をきっかけに、同じグループのゆうきくんが準備を始め、ふうやくんは自分から約束した次の日は、張りきって当番をしたのでした。

これは、あおぞらキンダーガーデンという、子どもの生活と仲間づくりを大切に実践している幼稚園での一コマです。「わがまま」に見えるふうやくんが自分の思いをしっかり出す一方、仲間から認められることで、次第に自己コントロール力を獲得していく、という一年間にわたる保育実践のほんの一部です(岡村由紀子・金田利子『四歳児の自我形成と保育』ひとなる書房、二〇〇二年)。

多面的に理解し合う心

ここで注目したいのは、「そういうこともあるんだよね」と、思いおよぶ心の発達。

もちろん、みんなのために仕事はしなくてはいけない。でも人間って、いつも決められた通り行動できない。ウキウキ楽しくやれるときもあれば、しんどくて思うようにできないときだってある。人にはそれぞれ時々の事情というものがあるのです…。「そういうこともあるんだよね」というつぶやきには、そんな人間理解が込められているように思います。

「自己責任」の論理が強まるほど、おとなも子どもも成果を出したかどうかという点でしか、評価されなくなってしまっています。その傾向は、「わかりやすい」ワンフレーズで

「○か×か」を問いつめた人が総理大臣だったころから強まったように思います。迷うことなく、「○か×か」を自己決定し、あとはすべて自己責任をまっとうするのが、今の経済効率社会を生き抜く「強い個人」ということなのでしょう。

私たちは誰もが「弱さ」をもっているし、発達の道のりは回り道や脱線だらけなのですが、最近、そうしたことを許容する度合いが低くなっているように思います。だからこそ、「そういうこともあるんだよね」と、多面的に互いを理解し合う心の育ちに注目したいと思うのです。

「○か×か」を越えて

第九章でお話ししたように、四歳すぎより、「～のときは…」「～したら…になる」などと判断することが可能になりますが、まだその基準は一面的で融通が利きにくい状態にあります。それがいろいろな場合や状況を念頭に置いた判断にどのように変わっていくのかということが、物事の多面的な理解の発達にとって問題となります。

そこで当然のことながら、保育者・教師・指導員のスタンスが問われることになります。たとえば、社会的ルールを子どもに教えるという場面。次のようなおとなと子どものやりとりを、よく見聞きすることがあります。

友だちに手を出してしまった子に、「人を叩いては…?」と尋ねて、「いけません」という回答を待ち、「そう、友だちを叩くのは悪いことだよね」と確認して、「じゃあ、どうしたらいいの?」と次にすべき行為を聞く。で、子どもがしぶしぶ「ごめん」……。しばらくして同じような出来事があって、「何度言ったらわかるの!」…。

ことばを使って考えられるようになった子どもたちにとって、「友だちを叩くことは悪いこと」であり、「悪いことをしたらごめんなさい」というルールを、ことばのうえで理解することはたやすいことです。「○か×か」という二分的でワンパターンの判断をさせ、それぞれに対処行動をセットしていくやり方は、効率重視社会においてますます浸透しているのではないでしょうか。とくに、教育の世界で社会性の育成が重視されている昨今、規範意識や善悪判断の指導において、方法論の洗練具合のちがいはありつつも、基本的なスタンスはこの例と共通したものを見受けることがあります。

行動の仕方やスキルを伝える必要はあると思いますが、その前提として、子どもがいろいろな思いを重ね、揺れ動きながら、実感をともなった判断をしていくことを支えてあげたいと思います。

人を叩くのは悪いことってわかっているけれど、思わず手がでちゃったんだ。ボクが一生懸命作ったロボットのこと、ゆうしくんは「かっこ悪い」って笑って、直してやるよってもっといこうとするから、思わず押し返したんだ…。（意地悪を言ったゆうしくんが泣いちゃって、どう思ったの？　ざまあみろって思った？）。ううん、イヤーな悲しい気持ち。でもあんなこと言ってほしくなかった。でも、なかよくしたい…。

こんなふうに、一つの出来事においても、さまざまな思いが錯綜《さくそう》しています。それらをていねいにふり返り、またおとなや仲間にも同じような思いがあったことを伝えることが、暴力をふるいそうになったときや思わず叩いてしまったとき、どうすればよいのか、さらに深い認識に基づいた判断が生まれることになります。

人情の機微に触れる

おとなの支えや仲間の声を心に受けとめて、子どもたちは五歳後半ごろ、物事を多面的にとらえて思いをめぐらせることが可能になってきます。それはいくつかの大切な発達的変化として取り出すことができます（服部敬子「五～六歳の発達の姿」、白石正久・白石恵理子編『教育と保育のための発達診断』全障研出版部、二〇〇九年も参照）。ここでは三つにしぼって見てわきましょう。

その一つが、○でも×でもない「中くらい」といった「間《あいだ》」の世界が、いろいろな領域で生まれることです。人間の感情を例にすると、「お父さんのこと、好き?」と聞かれて、「好き」とか「嫌い」とか二分的に答えていたのが、「好き、でもちょっと嫌なところもある」、「どっちともいえない」などと、微妙な評価を伝えるようになります。

思えば、人間の感情はあれかこれかとデジタル的に区分けできない微妙なものです。リレーで相手チームの友だちが転んだために、自分たちが勝ったときに感じる、うれしいような、どこかすっきりしない感じを、子どもたちは自覚するようになります。また、ある五歳児は、涙は悲しいときだけではなく、うれしいときにも出ることに気づき、その訳を尋ねてきました(心理学者としてお恥ずかしい限りですが、この問いにはいまだうまく答えられていません)。

こうした自分や他者の感情理解を、人情の機微に触れると呼んでみたいと思います。コミュニケーションの指導というと、効果的な情報伝達のスキルの向上が念頭に置かれることが多いように思いますが(第七章参照)、人の感情の機微に触れるためのことばの指導ということをもっと考えてよいのではないでしょうか。

ちがうけど同じ

物事を多面的にとらえることによる、二つめの特徴は、現象的な見た目のちがいを越えて共通性を見抜いていくことです。それは、物事の本質＝「本当のこと」に近づこうとすることでもあります。

「○○ちゃんは早く走られないけど、力一杯がんばっているのは（私たちと）おんなじだ」

こんなつぶやきが、障害児保育を実践している保育園の年長児から聞こえてくることがあります。あります（白石恵理子「仲間をくぐって自分をつくる子どもたち」、清水民子他編『保育実践と発達研究が出会うとき』かもがわ出版、二〇〇六年も参照）。障害をもつ友だちに対して、「〜することができない」というちがいだけではなく、「自分の力で挑戦したい」とか「みんなと仲良くなりたいと思っている」という点では、みんな同じなのだということに気づくようになります。そのためにも、一人ひとりの良いところやがんばっていることを実践者が発見して子どもに伝え、事実に基づいて自分や仲間の変化を認識していくことを支えてあげる必要があります。

障害を理解するうえで、通常の発達とのちがいとともに共通性をとらえることは重要なのですが（第四章参照）、そうした認識に五歳児が立ちうるということを、私たちは心にとどめておきたいと思います。

だんだん変化していく自分

最後、三つめの特徴として、自分や他者の変化をとらえる視点をもつようになることがあります。「自己形成視」（田中昌人・田中杉恵『子どもの発達と診断5』大月書店、一九八八年）の始まりです。

自分は跳び箱がうまく跳べないと思っていたけど、友だちに教えてもらったように、手を少し前についたらうまく跳べた。たとえばこのように、いろいろと工夫することで、子どもたちは少しずつ自分の成長を実感できるようになっていきます。

今この場だけでの自分を見るのではなく、過去や未来と今を関係づけて思いをめぐらせるようになります。そして、「前（過去）にこうしたから、今、こうなった。じゃあ、今度（未来）はちょっと別のやり方もしてみよう」などというように、時間的な広がりのある判断が可能になります。

物事を多面的にとらえ、いろいろな可能性に思いをめぐらせるなかで、身のまわりの出来事の因果関係をある程度正確にとらえて、ことばをつないで説明することができ始めるようになります。そうした力を自分や仲間の変化にもふり向けることができるようになっていくのです。また、自分自身の過去と現在の「ちがうけど同じ」ところにも気づき、変化だけではなく、変わっていないこともわかるようになります。

その結果、「小さいときはよく泣いていたけど、今はあんまり泣かない」、「最初はうまくできなかったけど、○○くんに教えてもらったら、だんだんできるようになった」ということを誇らしく語ってくれるようになります。

楽しかった経験やがんばれた経験をたくさんして、それらをおとなや仲間とふり返ることを通して、子どもたちは「だんだん変化していく自分」をイメージできていきます。このポジティブな変化のイメージを心に刻むことは、困難に出会った際、「今はたいへんでも、きっと良くなるさ」とそれを乗り越えていく力をあたえてくれるでしょう。

そうして、どの子どもも自分や他者への信頼をたしかなものにしていって、「人っていいな」という思いをさらに深めていってほしいと思います。

コラム5

無我夢中になるとき

子どものころ、穴掘りばかりしていた時期があった。小学校三、四年のときだったと思う。そのちょっと前、大阪万博が開催され、タイムカプセルと称して当時の本とか物品を特別な容器に入れて埋蔵されたことがあった。そんなことを見聞きした私たちは、数名の仲間とともに自分たちのタイムカプセルを作り、空き地の片隅にこっそりと穴を掘り埋めたのだった。

「このこと、秘密にしとこうな」。この〝秘密〟ということばがかもし出す、何かしらスリリングな気分に酔っていたように思う。タイムカプセルであるお菓子の缶には、メンコ、ビー玉といった、当時の私たちにとっての宝物や、「未来人」たちに向けたメッセージを入れた。たわいもないものだが、自分たちだけの〝秘密〟の香りがそれらの品々をより輝かせた。だから、自ずと掘る穴は深くなる。シャベル、スコップを持ち寄って、まさに一所懸命。硬い石にぶつかると、一日かけて掘り起こす。これまた一所懸命。

＊

いよいよタイムカプセルを埋め、枯れ草などでカモフラージュすると完成。だが、埋めてしまうと、妙につまらなくなってしまう。そこで新たな場所を見つけて、別のタイムカプセルの埋蔵に取りかかる。また困ったことに、埋めたばかりのタイムカプセルが気になってしまう。誰かに掘り起こされていないだろうか。昨日降った雨で中身が水浸しになってはいないだろうか。〝秘密〟をもった途端、かえってその〝秘密〟が気になってしまう心理というやつかもしれない。だから、あちこちに埋めてはまた掘り返すこととなる。

＊

時が経つのを忘れ、一所懸命に無我夢中になる。しかも、それは「これをしておくと将来役に立つから、今は苦しいけれど歯を食いしばってがんばる」といった懸命さではない。毎日やっていた穴掘りのおかげで、今の私があるとか精神力が養われたなどと言うのは、あまりに野暮だ。損得とは無関係に、ワクワクしながら何かに夢中になる。そんな夢中になれるものがもてるのも、子ども時代の密度を濃くする一因なのだろう。

第11章

◆教えあう関係を通じた感動

要求で育ちあう子ら

一九六〇年代後半の近江学園の実践記録である『要求で育ちあう子ら』（田中昌人監修・「要求で育ちあう子ら」編集委員会編、大月書店、二〇〇七年）は、四〇年もの歳月を経たものとは思えない内容となっています。職員集団が子どもの理解や実践について深く討議し、実践内容を詳細かつ膨大に記録したからこそ、発達保障の芽生えとなる実践が迫力をもってよみがえったのだと思います。

この本の中に、企業や工場に就職した卒業生の実態が描かれています。

昼間働いているときは問題はなく、むしろ「なかなかがんばり屋だ」などと一定の評価を受けていた。問題は仕事が終わってからだった。寮生活になじめず、部屋にこもりがちで同僚の誘いに応じることができず、孤立して疎外感をもつ。あるいは反対に、誘われたギャンブルや飲酒などにのめり込んで生活を乱してしまう場合もあった。そして、一年経たずしての離職…。

高度経済成長期の当時と就職事情は異なりますが、「働き続ける」ための生活支援のネットワークが必要になっている（二〇〇九年の全障研全国大会（茨城）「後期中等教育・卒後の進路」分科会の河南勝さんのレポート）今日の状況とも重なり合うものがあります。働く場を確保し、働くための力を身につけることは不可欠な課題です。ただそれはあくまでも出発点であり、それからどんな豊かな人生を歩んでいくのかが問われ、それまでの教育とその後の支援が試されていくことになります。

時代を越えた教育目標のリアリティ

こうした実態を受けて、当時の近江学園の職員集団は討議を重ね、自分たちの実践が「考えて、判断し、それに対する他人の意見を聞く機会が少ない生活」をつくっていたのではないかとふり返ります。そして、長い時間をかけて「どんな子どもに育ってほしいのか」

について話し合います。その結果、次のような目標を確認していきます。

「自分の願いや要求を正しく出せる子どもに。友だちや、小さい人、弱い人の立場や要求も大切にできる子ども。自分の要求や願いも含めて、仲間と連帯して、自分たちの要求を実現していく力をもった子どもたち。どんな困難に出会っても、自分たちの生活を切りひらき、豊かな心と生活を創り出していける力をもった子どもたち」

これを一言で言えば、「考える子ども、仲間と力を合わせて、生活を切りひらいていける子ども」を育てていきたいという願いに集約できます。ここでめざされていることは、障害の有無、子どもやおとなに関係なく、すべての人にとって共通の目標であることが確認され、そのうえで、障害や発達に見合った課題と取り組みが必要なのだという認識が深まったのも大切な点です。

ややもすると、こうした目標は抽象的なスローガンで終わってしまうことが多いものです。ライフステージごとに、具体的な生活の場面を思い返しながら、リアリティをひしひしと感じる討議をくぐる必要があります。当時の近江学園の実践者たちも、就労した卒業生の帰宅後の生活ぶりや、学園での子どもの姿を詳細に重ねつつ、きわめて具体的な議論をしたのだと思います。

今日、私たち自身が効率重視や自己責任の「時代の空気」を吸って生きているなか、「やりたい人だけでやればいいやん」「人のことまで気にかけてる余裕はないよ」という雰囲気に違和感を覚えなくなってはいないか。それがまた、子どもたちの世界にも浸透していないか。そんなことを個々具体的な場面に引きつけて考えると、この近江学園で議論された中身は、四〇年経った今も、私にはすごくリアリティのあるものに感じられるのです。

教えあう関係

教育の目標をとらえ直すとともに、近江学園では新たな実践が目指されていきます。それぞれの子どもの発達課題を十分に把握しつつ、生活年齢を軸にした班編制にしたり、子どもの要求から発展させた自治活動を積極的にすすめたりしています。また、結び織りがサークル活動として行われ、発達段階や障害の程度の異なる子どもたちが集い、班を越えた新しい人間関係を結び織るようになっていきます。

こうした実践のなかで、私がとくに注目したいのは、子ども同士で教えあう姿が生まれてきていることです。

他の人に知識や技術を意図的に伝え教える行為は、人間以外の霊長類にはこれまで明確に確認されておらず、人間に固有の能力といえます。人間顔負けの能力を発揮するチンパンジーも、その技を親が子どもに積極的に教えることはないようです。ヒトという種が登場する何百万年という長い進化の歴史に比べて、短い期間に、人類の文明が加速度的に発展したのも、教える行為によるところが大きいと言えるでしょう。少々大げさに言えば、教える行為は人類史的飛躍の鍵を握るものであったのです。

一方、教える行為の個人レベルでの発達については、過去の発達研究において十分に光があてられてきませんでした。それは、子どもは「教えられるべき」存在であって、子ども自身を教える主体として見なすことが少なかったことに原因があるでしょう。ところが、子どもたちの日常生活を見てみると、子ども自身が教える側に立つことがかなりあり、それが発達過程で大切な意味をもっています。

人類「お節介」仮説

他の人が困っていると、それを手伝ったり、簡単な情報を教えることは、一歳後半くらいから見られます（赤木和重「一歳児は教えることができるか」『発達心理学研究』一五巻三号）。ただ、本格的に他の人に何かを教えるようになるのは四歳以降のようです。人に教えるには、その相手が何を知っていて何を知らないのかという、心の状態を理解しておく必要があるからです（第八章参照）。

四、五歳児の教える行為の発達を、わがゼミの仲間である久保加奈さん（現在小学校教員）の研究（神戸大学大学院人間発達環境学研究科二〇〇八年度修士論文）から見ておきましょう（教える行為は、個人の発達力量に加えて、集団づくりなど指導内容が反映するもので、その現れ方には一定のバリエーションがあることをご了解ください）。

久保さんは保育場面を観察して、子ども同士で生じた教えあいのエピソードを丹念に拾い、四歳児クラスの夏ごろまでに、教える行為を確認しています。

この研究で興味深かったのは、友だちから「教えて」と頼まれてから教えることよりも、友だちのようすを見ていて「教えてあげようか？」と、教える側が主導している場合の方が多かったことです。

頼まれる前から教えようとする姿は、保育の場ではよく目にするものかもしれませんが、進化の歴史や文明の発展にまで視野を広げて考えてみると、この事実は身震いするくらいすごいことだと思います。自分の知っていることや身につけた技を、惜しげもなく他者に伝えていく。考えようによっては、めちゃくちゃお節介な話であります。でもそれが、集団の結束力と文化力を高めていく起爆剤となっているのです。

人類の発展は、仲間への積極的な教示によるものとする「お節介」仮説を、ここに提案したいと思います。

善意のすれちがいから学ぶもの

四歳児さんたち、あれこれ一生懸命教えてくれるのですが、まだちょっと説明がおよばないこともあります。

たとえば、友だちがリズム運動をうまくできないのを見つけて、「ちがうで」と言ってから、「こうやで」と実演するのですが、教えてもらった方としては何をどう直したらいいのかわからず、結局、否定だけされたように感じることがあるようです。また、なかなか友だちがうまくできるようにならないと、その子の代わりにやってしまい、「教える」ではなく「してあげる」になってしまうこともあります。

そうした善意のすれちがいがトラブルを生むことにもなりますが、相手の思いをさらにくぐることで教え方も少しずつ変わっていきます。一つには、「まず、～して…。それから～」と筋道立てた説明が可能になります。二つに、「～した方がいいで。だってな、（その方が）…だから」といったように、アドバイスをして、その理由も伝えることが増えてきます。

五歳後半以降、自分の体験をふり返りつつ、物事を多面的に理解する力を獲得する（第一〇章参照）なか、相手が納得できる教え方へと変化していくのです。

「おじさんにさせないとだめだよ」

最後に、教える行為に秘められた、奥深い人間理解を感じたエピソードを一つ。

ある保育園で、子どもたちがカラーテープを三つ編みにして縄跳びの縄を作っていました。私も見よう見まねでやったのですが、無惨な状態。見かねた四歳児のゆうちゃんが、「教えてあげる」とやってきて、私のもっているテープを指さしつつ「ここと、ここ、こっちやって」などと教えようとしてくれました。四歳児クラスのなかでは手先も器用で、三つ編みも上手にできるようになっていたゆうちゃんですが、この不器用なおじさんにわかりやすく教えるのは至難の業だったようです。そして、とうとう「やってあげる」と、テープを私から奪い取ったのでした。

そのときです！　このようすを見ていた五歳児のしゅうくんが一言。

「だめだよ、おじさんにさせないと。自分でやらないと、うまくならないよ」

（そのとおり！　おっしゃるとおり！）

そして、しゅうくんは私の横に座り、一つひとつの工程を区切って手本を示しながら教えてくれたのでした。適当なところで、「じゃあ、あとはおっちゃん、人でやりな」と言って立ち去るのですが、要所要所で見に来てくれたのでした。

これぞ、他者の発達を「見守る教え方」。こんな教え方ができるようになった背景には、仲間と育ちあう関係のなか、だんだんと変化していく自分や仲間を実感できる場面がたくさんあったのだと思います。

それともう一つ、知識や技とは別に子どもたちに教えられたこと。こうした関係を味わってきた子どもたちは、教えてあげた仲間のがんばりを我がことのように喜び、逆に、仲間から教えてもらったことを貴重な宝物のように伝えてくれるのです。それぞれ挑戦している内容や課題はちがうかもしれないけれども、懸命にがんばっている仲間の姿に共感し、感動すら覚えています。

この感動を子どもたちの心にのこすことが、きっと「仲間と力を合わせて、生活を切りひらいていく」礎となるでしょう。

第12章

◆夢中になることで生まれるもの

「泥だんご病」発生！

ある保育園で、二十年近く前のこと。保育者たちは子どものようすに少し違和感を覚えたのでした。たとえば、こんな場面。

園庭で遊んでいる子どもたちに、保育者が「給食だよ。みんな、片づけてお部屋に入りなさい」と呼びかける。すると、子どもたちは順次、おもちゃを片づけてそれぞれの部屋に戻っていく。

「どこが問題なの？　聞きわけの良い子ばかりじゃないの」と思った方もいるかもしれません。でも、この園の先生方はちょっとちがった受けとめ方をされたのです。「もっと遊びたい！」「もうちょっとだけ！」という声が聞こえてきてもいいんじゃないか。他の場面も含めて、子どもたちが文字通り「寝食忘れて」無我夢中に遊びこめていないのではないかと、先生方は感じとっていたのでした。

そこで、保育者が仕掛け人となって、泥だんご作りを一大ブームとします。子どもたちは、落としても壊れない泥だんごを作りたい、ピカピカに輝く泥だんごにしたいと「泥だんご病」にかかっていきます。その症状たるや、作りかけのだんごが気になり、暇さえあればコロコロ、道ばたの土を思わず物色するというものです（詳しくは、加用文男『光る泥だんご』ひとなる書房、二〇〇一年）。かくして、夢中になって遊びこむ姿が復活したのでした。

何かあることに無我夢中になり、あれこれと失敗や逸脱・脱線をくり返し、達成感や充実感を経験していく。その結果として、新たな中身のつまった自分がつくられていく。第一章で述べたように、このプロセスが発達の道のりなのではないかと思います。

この章では、あらためてこうした発達理解と、そこに込めた意図をお話ししたいと思います。

「自分」を見つめさせられる子どもたち

心理学の授業で「あなたはどんな人か?」を問う心理テストをしてもらうと、最近の学生さんほど手際よく回答するようになったと、ある心理学関係の集まりで（心理科学研究会二〇〇九年度秋の研究集会）話題になりました。以前なら、「自分はどんな人間なのか」と問われて、二、三個は答えられても、あとは答えに窮していたのが、このごろは二〇個近く比較的スムーズに答えてくれる傾向が強まっています。

それもそのはずで、自分という「商品」の特性を熟知しておくことが、厳しい就活の第一歩であると、どの就職セミナーでもくり返し強調されているところです。さらに言えば、今日の子どもたちは、小学生のころから『心のノート』も活用しながら、自身の内面をふり返ることが常に求められています。また、加用文男さんは、自分を見つめる自意識が幼児期においても過剰に期待されていることを危惧しています（加用文男「遊び、自意識、自己肯定感（上）」『現代と保育』六四号）。

経済効率優先社会において、自己責任が強調されるほど、ビジネスの世界のみならずあらゆる分野で、自己を客観的に評価して、巧みに自己コントロールしていくことが強制されつつあります。今の日本は、心理学の技術や知識を活用して「処世」することがスタンダードになった、心理主義化する社会と言えるでしょう。

子どもが自らの内面に気づいていくのは発達の証ですし、九、一〇歳ころになると、かなり客観的な自己認識が生まれるのも事実です（楠凡之「七〜九、一〇歳の発達の質的転換期」、白石正久・白石恵理子編『教育と保育のための発達診断』全障研出版部、二〇〇九年）。ただ、それ以上に、心理主義化社会にあって、子どもたちはより早期から自分をふり返るための圧力を強く受けているのです。

自分をふり返ったり、自分の思いを伝えたりする「技術」を子どもに教えることを否定するつもりはありません。そのことで子ども自身がまわりの人や世界に積極的にかかわっていけるなら、それも活用すればよいと私は考えます。しかしながら、ふり返り伝えるべき、肝心の「自分の中身」が育てられる機会を奪われたまま、自分を見つめることが強いられるならば、それはつらくいたたまれない体験となるでしょう。

無我夢中

そもそも、自分を見つめふり返るというのは、自分自身を第三者の視点からクールに見る姿勢をとることです。つまり、心理主義化する社会の子どもたちは（おとなも）、人の目や他者からの評価をいつも気づかう状態に置かれていると言えます。

それはどこか冷めた心理状態であり、遊びをはじめとする活動に没頭することを妨げる要因となってしまいます。たとえば、冷静な観察者のまなざしを感じながら、ごっこ遊びや劇遊びに没頭するのは難しいものです。ビデオや鏡は、他者の目で自分を見るための道具と言えますが、子どもと遊んでいる自分の映像を見ると、気恥ずかしさのあまり変な汗をかいてしまいます。

それに対して「我を忘れる」夢中体験が、逆説的だけれども、自分の中身を豊かにするのだと、遊びの発達を研究する河崎道夫さん（三重大学）は言います（河崎道夫『あそびのちから』ひとなる書房、二〇〇八年）。自分をふり返る前に、人やものと夢中になってかかわり合い、「過不足長短に富んだ自分を存分に発揮し、達成感や失敗感、喜びとくやしさ、共感と対立感、誇りと挫折を体験」（同上）することが、とりわけ子ども時代には不可欠だということです。

無我夢中になることとは、ときに規則正しい生活から逸脱したり、感情が高まるあまりに人と衝突したりと、効率化係数を上げようと管理する立場からは忌み嫌われることです。そんな発想が幅を利かせつつあるからこそ、何かに夢中になることを通して、もっと感情の世界を耕して、自分の中身を豊かにすることを大切にしたいと思うのです。

「自分」は探すものではない

自分をふり返り、いろいろな問題を心のありようとして考えていく心理主義化社会では、「自分探し」ということばをよく耳にします。一九八〇年代以降、教育界での「個性尊重」というかけ声に歩調を合わせるように、日常的に使われるようになりました。第一六期中教審答申（一九九七年）では、「教育は『自分探しの旅』を扶《たす》ける営み」とまで言われ、「自分探し」はあちこちで人びとに浸透していきます。

人と人とのつながりが断ち切られた状態で（第八章）、「自分って何？」と見つめ直すことが強いられている現状を考えると、この「自分探し」ということに、私は懐疑の念を覚えます。自分を「探す」という場合、存在しないものは探せないわけですから、「本当の自分」がどこかにあることが前提になっています。

ところが、上述した立場でいえば、「本当の自分」はどこかに最初からあるのではなく、自分で新たにつくっていくものです。しかもそれは、当事者の視点からは「我を忘れて」まわりの人やものと格闘し、ワクワク、ドキドキ、ハラハラした経験が心にのこされて、そのあとに「かけがえのない」ものとして形づけられるのです。現実世界や他者とのつながりを欠いた状態で、いくら自分を見つめても、「自分探し」は袋小路に入り込んだ終わりなき旅となってしまいます（このあたりの考察は、内田樹『下流志向』講談社、二〇〇七年も参照）。「自分探し」ではなく「自分づくり」。このちがいは些細なことばのあやの問題ではなく、発達ということを、心理主義化する社会のなかで私たちがダイナミックにイメージできるかどうかにかかわった、避けて通れない問題だと思います。

失敗・逸脱・脱線を経て心にのこるもの

第一章で、発達とは「人間が自らをつくりかえていくプロセス」と述べました。この発達観には以上のような思いを託していたしだいです。

新しい自分は、ある活動に熱中したり集中したりすることでつくられ、とくにそのプロセスで出会う失敗や逸脱・脱線に重要な契機が隠されています。失敗が新しいものを生成する契機となった例は、ノーベル賞級の科学研究でもよく引き合いに出される通りです。あるいは誰もが日常経験していることでいえば、ちょっとしたおしゃべりでも、脱線から新たな気づきや発見があるものです。それぞれがもっている情報をあらかじめ決められた手順で単に交換するだけの会話は、たいへん味気ないものでしょうし、新しいものが創造されていくワクワク感は感じられないでしょう。

この、逸脱や脱線を排除したやりとりの代表例が、ファストフード店の接客マニュアル。

そこには、無駄なく、効率的に物事を処理する原理原則が貫かれており、それが教育や福祉の世界にも持ち込まれていることに対抗しなくてはなりません。失敗や逸脱・脱線の許されないところに、新しいものが誕生する契機はないからです。

人間にとって未来は予測不可能な世界です。また、人と交わることは思わぬ自分や他者と出会うことがあるという意味で、人間も予測不可能な要素をもっています。だからこそ、人間の生活や人生には失敗や逸脱・脱線がつきものなのです。それらをめんどうでやっかいなものとして捨て去るのではなく、そうした経験をじっくりさせてあげることで、子どもたちの心に感動や誇りに満ちた財産をのこしてあげるのが、教育の大切な役割ではないでしょうか。

冒頭で紹介した実践は、効率的に流れていく保育に待ったをかけて、子どもに熱中する心をのこしたという意味で、発達理解の奥深さを教えてくれるものだったのです。

もちろん、障害をもつ子どもたちの場合、大きな逸脱や脱線に対して生きにくさを感じる場合があり、それなりの配慮と工夫が必要であることは言うまでもありません。ただ、忘れてならないのは、障害の特性に応じた配慮をしつつも、子どもたちの心に何をのこしてあげられるかという、「自分の中身」づくりにかかわる視点です。

発達理解を通したつながりを

経済効率が優先されるあまり、子どもや障害をもつ人びとのふるまいが「めんどうな」ものとしてあつかわれる傾向が強まっています。発達を学ぶのは、逸脱や脱線に見える姿から、その願いや苦労を想像する手がかりを得るためです。

そうして、子どもや障害をもつ仲間の願いや苦労が少しでも感じ取れたとき、「子どもってかわいい」「人間っておもしろい」という思いが、私たちの心によみがえっていくように思います。事実に基づいて、多くの人がこの思いを重ね合わせて、発達保障の土台をさらにたしかなものにしたいと思います。

コラム6

発達科学って何？

申し遅れましたが、現在、私は発達科学部というところにいます（正式な所属は、二〇〇七年度より大学院大学になったため、「人間発達環境学研究科」と長い名称のところになります）。聞くところによれば、日本初の名称の学部だそうで、その後、「発達」ということばが入った学部は少しずつ増えていきます。そこに所属されている方もそうかもしれませんが、学内で教員や学生が自分を紹介する際は「発達の木下です」と言い、会議では「発達としては～と考えております」と述べ、食堂では「発達ランチ、ご飯少なめでね」と注文し、というように、一日一回は「発達」ということばを発しているかもしれません。

＊

思えば、大学院時代（ほぼオーバードクターになってから）、ともに教育心理学講座にいた別府哲さんと「人間発達科学研究会」なる研究会を立ち上げ、学部学生の人たちと勉強した思い出があります。また、前任校の静岡大学にいたときは、金田利子さんらが始められていた「発達科学研究会」に参加させてもらい、発達相談の仕事をしつつ、現場の方々と学ぶ機会をもつことができました。

私自身、「発達科学」というコンセプトにそれなりの思い入れをもち続けています。ただ、発達心理学という狭い領域の、さらにその周辺をウロウロしているのが現状です。

人間の発達を考えるうえで、個人の発達を心理学的に考えるだけでは不十分です。個人がかけがえない個性をもつ存在として光り輝くために、集団がそれに見合ったものに発達する必要があります。さらに、そうした個や集団の発達には、地域・社会あるいは地球規模での環境のあり方がさまざまな影響をあたえていることは、この間ずっと指摘されてきている通りです。ですから、発達を科学するには、分析の単位やスケールの異なった多面的なアプローチが求められることになります。その点で総合科学と言えるわけです

＊

発達科学は、まだ誕生して間もない学問領域です。教育・福祉関係は別にして、一般企業で就職活動している学生さんたちは、「発達科学って何?」と人事担当者から質問を受けることがよくあるようです。「子どもの発達について勉強している」と答えると、「どうしたら、子どもは賢くなるのかいな?」などと質問が返されることもあるとか。

まだまだ、世の中の人々、とくに企業社会で働く方々にとって、「発達」というものがイメージしにくい現実があることは否めません。話はちがいますが、お笑いの世界で、サラリーマン風の男性客から笑いをとれたら一人前なんだそうです。「発達」ということばで、企業社会に生きる男性をきっちり引きつけることをめざしたいものです。

＊

本書では、最近の社会が過度に効率重視になってきていること、またその渦中に知らず知らずに私たち自身が巻き込まれ、子どもも含めた私たちの発達にさまざまな制約が加えられていること

とを述べてきました。それは、政治・経済において「新自由主義」として問題になっている事柄が、身のまわりの事象にも現れているように感じる機会が多いからです。

昨今、「効率」「競争」「市場原理」ということばは、教育や福祉の世界でもあたりまえのように使われています。そうした状況でも「発達」は語られるでしょうが、そのイメージされるものが大きく異なっているように思えてなりません。印象論で申し訳ありませんが、「強い個人」になることが目標にされているように感じられます。何か問題が起これば、独力で手際よく情報を集め、自らをきちんと律してその解決にあたる。失敗したら、それもそれで自らの責任として受け取る、そんな「強い個人」になることが求められる風潮が、この間、強くなっているように感じるわけです。

＊

でも現実には、人間って「強い人」であり続けることはできません。一人でできないことはたくさんあります。落ち込んだり泣きたくなることもよくあります。ただ一方で、「弱い存在」だからといって、私たちは「今のまま」でいるわけではありません。いろんな制約をかかえながらも、〝新しい自分〟を産み出しているはずです。

弱い存在だからこそ、他の人とつながっていき、それが発達の原動力になっていく。そんな発達観を、生活の一コマ一コマから創り出し共有財産にすることが、これからの「発達科学」の大切な課題だと確信しています。

補章

◆「発達」のイメージをもう一歩深めて

「質的転換」ってどういうこと？

これまでの章で、乳幼児期の発達プロセスに沿いながら、それぞれの時期の特徴にも触れてきました。その際、何歳になるとこういうことができるようになるといった行動の変化にとどまらず、それぞれの時期の子どもがまわりの世界をどんなふうに見ているのか、その内面を想像する手がかりとなることを述べました。

そのように見ていくと、ものや人を見たり、かかわったりする枠組みが、発達とともに変化しているのがわかります。たとえば、同じものに目を向けているようでも、生後七ヵ月の子どもと一歳半すぎの子どもとでは、「いじって口にもっていける」ものとして（動作を通して）とらえているのか、（大好きな人と転がし合って遊ぶ）「ボール」として理解しているのか、といったちがいがあります。

また、そうした枠組みの変化に連動して、外界および自分や他者に対する感じ方も変化していきます。たとえば（話は幼児期から一気に思春期に飛びますが）、年頃のお嬢さんがいるご家庭でありそうな話。幼いころ、「お父ちゃん、大好き」といつもくっついてきた娘さんが、思春期もすぎるころから〝汚いもの〟に触れるように父親に接する、などというのも、お父さんが急に疲れ果てて汚くなったわけではなく、子どもの方が親を見る目あるいは親の価値に対する感じ方が変化してきたのだと思います。

あまり良い例ではなかったかもしれませんが、いろいろな領域で大なり小なり、子どもたちは、世界（ものや人からなる外的世界や、自らの内的世界）に対する見方、かかわり方や感じ方を大きく変化させているのです。

「発達の質的転換」ということばを耳にされることがあると思います。「質」というのが、なかなかわかりにくいところかもしれません。「質」の転換ということで、世界の見方・かかわり方・感じ方の変化を想起していただけると、その内容も多少ともイメージしやすくなると思います。そして、発達の質的転換をこのような意味で理解すると、私たちおとなも世界の見え方が大きく変わる経験をなし得るわけで（「目から鱗が落ちる」経験とでも言えるでしょうか）、発達は子ども時代だけではなく、一生を通してのものであると言えるでしょう。

発達段階を把握するのは何のため？

質的な変化に着目して想定されるのが発達段階です。それぞれの背景にある発達理論によって、目のつけどころが異なるので、発達段階の区分の仕方や構成のされ方がちがってきます。

「発達段階」って、何だか子どもを序列化するための方法に感じられる、というご批判を聞くことがあります。発達検査や知能検査を実施して「この子どもは二歳レベルの発達」といった評価にとどまっているのであれば、その批判は的を射たものです。また、発達（知能）検査が子どもの序列化と選別の道具になりかねないことは、歴史が語っているところでもあります（玉村公二彦「子ども・障害のある人たちの権利と発達保障」、白石正久・白石恵理子編『教育と保育のための発達診断』全障研出版部、二〇〇九年。S・J・グールド『増補改訂版　人間の測りまちがい』河出書房新社、一九九八年も参照）。

発達（知能）検査の利用がそのような問題をかかえてしまう原因の一つは、本来、質的なちがいとして把握されるべきものを、通過した課題数から計算される量的な指標に還元して、同一の尺度上に置いて考えることにあります。検査を実施して、機械的に「できる—

できない」を調べて数値化しても、発達を理解することにはならないのです。

それぞれの段階には、他の時期にはない独自な質的な特徴がある。こうした視点から、子どもの発達、あるいはその段階を考える際、次のように問いかけてみたいと思います。子どもはまわりのものや人、あるいは自分自身をどんなふうに見ているのか。それらの対象にどのように働きかけて、どんな変化をもたらそうとしているのか。さらに、そんなことをする自分に何を感じているのか。

7　つなげて、全体像を想像する

これらの問いに〝素手で〟答えるのはなかなかたいへんなことです。だからこそ、日々の生活で見せる姿を語り合い、授業・保育あるいは検査場面での課題への応じ方をていねいに記述していく必要があります。

また、そうした事実をつないでいくための仮説として、理論や着眼点を学んでいくことも不可欠です（本書がその手がかりとなれば幸いです）。

とくに留意したいのが、いろいろな能力や機能のつながりを発達的にとらえていくことです。子どもたちがどんな世界に生きていて、まわりで起こっていることをどんなふうに見ているのかを想像するために、心や身体の能力や機能をつないで考えて、子どもの内面を理解しようとするスタンスが大切になります。

たとえば、ある子どもの発達状況について、次のような事実が報告されたとしましょう。運動機能は高いところから飛び降りたり、片足立ちが少しでき始めたりしている。言語能力では助詞を使った多語文発話が可能。認知能力においては大小の区別が理解できる。遊びの面では簡単なごっこをする…。と、羅列的に記述されてもなかなか全体像は見えてきません。そこで、以下のような集団的ないしは個人内対話が、子ども理解をリアリティのあるものにしていきます。

「ことばや遊びでそれなりの表現ができ始めた背後には、何か、~ちゃんなりの思いとでも呼べるものが育ってきているのではないか。それは『こうしよう（したい）』という~ちゃんの意図が明確になってきたということだ。そういえば、飛び降りをするときも、飛ぶ前にわざわざ『ミテテ、トブヨ』って宣言しているな。それと、以前だったら、同じ質問をくり返すと答えが揺らいでいたのに、最近は『どっちが大きいの?』って何度か聞くと、わかっていること何度も聞くなって感じで応じてくるね。

どうりで、目先の刺激でごまかしが利かなくなったわけだよ。一筋縄には言うことを聞いてくれなくなったのも、こういう発達があったからかな。『自我の要求』（第七章、八二ページ参照）ってこういうことかな…」

これはほんの一例ですが、個々の具体的状況で示された能力や機能の意味を、このようにつなぎながら討議して考えていくことが、とりわけ実践的な発達理解の第一歩だと思います。そのことによって、〇〇能力（機能）を主語にするではなく、「～ちゃん」を主語にした実践的討議にふさわしい話し合いが可能になるでしょう。

指導計画の作成において、生活、言語、社会性、運動などの機能ごとに評価と課題を出しているだけでは、実際の指導に生かせないということからも、この、つないで全体像を想像する実践的討議が不可欠であることがよくわかります。そもそも、機能ごとに列挙された課題を前にすると、「あれも課題、これも課題」と課題山積状態を前にして、なかなか展望がもてないものです。つながりをおさえた発達理解は、実践的には中心的な課題を実践者が共有するためのものであるのです（竹沢清『教育実践は子ども発見』全障研出版部、二〇〇〇年もぜひご参照ください）。

〒 質的転換は「発達の危機」でもある

本書では、発達は人間が自らをつくりかえていくプロセス、あるいは新しい自分をつくっていくプロセスだと述べてきました。この章ではさらに、そのプロセスには質的転換がともなうこともお伝えしました。以上のことをまとめるなら、発達というのは、子ども（人間）が、新たな世界の見方・かかわり方・感じ方を自ら身につけていく営みとも言えるでしょう。

ご推察の通り、新しいものを身につけることは、古着を捨てて新しい服を買ったり、携帯の機種変更をしたりするように簡単にできるものではありません。ありきたりの表現を使えば「産みの苦しみ」を味わうことになります。もう少し言えば、これまでの枠組みではとらえきれない現実にぶつかり、さりとてその問題をうまく収めるだけのかかわり方をわがものにしていない。それでもなお、世界と向き合おうと新たな枠組みが萌芽しつつある状態、と質的転換を言い表してみたいと思います。

いずれにしても、転換期は新しいものが誕生するためには避けて通れない状態であり、子どもの行動としては否定的な内容のものが目立つ「発達の危機」と呼びうる時期となります。友だちにかみついたり、おとなにわざと逆らったりと、周囲の人との摩擦や衝突が増すなど、「問題行動」と呼ばれるものによって、おとなを困らせることが多くなります。

あるいは、今までできていたことをしなくなるといった、後戻り現象が見られる場合もあります。「できないことができるようになる」プロセスが発達だという狭い見方では、見落としかねない事実です。状況が一定見通せるようになることで、かえってたじろいだり、混乱してしまうことだってあるのです。

こうした「発達の危機」的現象は、障害の有無に関係なく、どの子どもにも起こることです。いずれもかかわっているおとなを悩ませ困らせるものなのですが、本書で折に触れ述べてきたように、一番困っているのは子ども自身です。子どもの発達理解というのは、そうした子どもなりの悩みやしんどさを想像していくことでもあります。

自らを変えていくシステム

こうしたしんどさは、子ども自身がまわりの世界や人に積極的にかかわっていこうとするなかで、必然的に生じたものであることは押さえておきたい事実です。

たとえば、身のまわりで起こっていることをもっとわかりたいと、今もっている力を使って世界に働きかけていく。しかし、そこで起こっていることを知ろうとすればするほど、知らないこと、すなわち手持ちの枠組みには収まらない事実に出会う。それが契機となって、新しい枠組みづくりが発動する。

このように、自身のシステムに自らを変えていくシステムが組み込まれることで、発達という現象が成り立っていると考えることができます。このことについて、「自己運動」のプロセスと言われることもあります。

自らを変えていくシステムが駆動するプロセスとしての発達。それはあらかじめ決められたコースを自動操縦で進むリモコンカーのイメージではなく、その場その場であたえられた環境下でよりよい道をつくりながら進んでいくイメージが近いかもしれません。

自己運動として発達をとらえることは、教育や保育の役割を軽視するものではありません。その役割は、自らを変えていくシステムがうまく駆動し続けるように、子どもが出会う新たな世界をほどよくかみ砕いたり、直面した矛盾でたじろぐ心をそっと後押ししてあげたりなどと、数多くあります。

そして、何よりも大切なのは、子どもが夢中になれる活動や素材を用意して、たくさんの失敗を安心してできる環境を設定してあげることです（第一二章参照）。こうした発達の条件（源泉）を保育者・教師が周到に用意することで、子どもは自らを変化させていくエネルギーを高めていくのです。

7 障害をもつ子どもの発達―共通性とちがい

発達とは、新しい世界の見方・かかわり方・感じ方を自ら身につけていく営みです。障害をもっている子ども・人たちも、この自分づくりのプロセスを歩んでいます。

障害をもつ子どもを理解するうえで、通常の発達との共通性とちがいをともにとらえることは大切です。「ちがい」は、まず見た目の現象面において、それぞれの障害特性として把握されます。自閉症であれば、感覚過敏、共同注意や心の理解の難しさ、シングルフォーカス、想像的活動の制約などとして指摘されるものです。こうした特性にかんする理解は、その障害をもつ子どもや人たちの「生きづらさ」を想像して、彼ら彼女らの内面世界を共感的に理解するために不可欠なことです。

障害をもつ子どもたちの、生きづらさやわかりにくさを、社会全体が理解し、物理的にも心理的にもさまざまなバリアを取り除く必要があるのはいうまでもありません。また、教育・保育場面においては、環境設定や教示方法の配慮と工夫が求められているところでもあります。

一方、ここで留意したいのは、障害をもつ子どもも（青年期以降の障害をもつ人たちも）、新しい世界の見方・かかわり方・感じ方を自ら身につけようとしており、そのプロセスのなかで障害による制約を越えていこうとしている事実です。つまり、発達する存在として、障害をもたない子どもと共通した基盤に立っているのです。

ただ、障害をもつ子どもの場合、能力や機能のアンバランスによって、自らを変えていくシステムがうまく駆動しにくい状態にあると言えます。結果、通常の発達に比べて、発達の質的転換期で新たなものを手に入れるしんどさが増すのではないかと思います。でも、それは子どもたちの心に、「まわりの世界をもっとわかりたい、大好きな人たちともっとかかわりたい、そして自分のことを大切にしたい」といった要求があることに由来するものです。

だからこそ、教育や保育の中心的な役割は、子どもたちに潜在する、自らを変えていこうとするエネルギー（原動力）を呼び起こしたり、それを発揮しやすい状態をつくったりすることにあると思うのです。そうして、遊び、学びや仕事に心を向けて、子どもたちは新たなものに挑戦していくことで、自分への手応えを心にのこしていきます。それがまた、活動に向かう気持ちを高めることにつながります。そうした自らを変えていこうとするサイクルに弾みをつけることが、障害をもつ子どもの指導においても中心にすえられる。そのことを、本書で紹介したものをはじめ、保育・障害児教育の実践から、私自身学んできました。

あらゆるものに値札をつける社会

以上、「発達の主体は子ども」（第一章参照）ということの意味を、あらためて深めてみました。

ところが、ここ最近、子どもを発達の主体とし得ない状況が広がっています。子どもの発達や実践をとらえる「単位」が短くなり（第一章参照）、短期間で「目に見える成果」をあげるプレッシャーが、実践者に向けられているように思います。結果、プロセスを省略して、子どもの行動を変容させることだけに目が向けられる傾向が強まっています。

その背後に何があるのか。経済効率を最優先する新自由主義が、ビジネス以外の、教育や福祉など私たちの生活に根深く浸透しており、その影響が教育・保育・福祉制度の改変を経由して、それぞれの内容にまでおよんでいることはしばしば指摘されることです。また、注意しなくてはならないのは、私たち自身がそうした経済原則を内面化して、知らぬ間に判断基準にしている危険性です。

荒っぽい言い方になりますが、経済効率重視の発想のもとでは、あらゆるものに値札がつけられ、お金と交換することが可能だと見なされます。通常、お金による売買において、買い手がお金を払う（ローンの場合は法的約束を明示した契約書の提出）のと同時に、売り手は商品を渡します。あたりまえのことですね。お金を払ったのに、商品はいつ届くかわからないとか、とりあえず製造中だけれどもどんな形になるかはわかんないよ、などと言われたら、そもそも売買は成立しませんし、詐欺だと訴えられてしまいます。売買成立には、時間差なく、商品が渡されることが大前提になっているのです。

教育や福祉の内容も、こうした売買による交換可能なサービス商品と見なす発想が、目で見える成果を短期間に求める傾向と結びついています。それは大学も例外ではありません。「物事を批判的に見て、真理を探究する姿勢を学ぶ」とか「学問を通してこれからの人生を豊かに」などという、いつどのようにその真価が問われるかわからない目標は、あまり力強く語られにくくなっています。代わって、卒業時にはこれこれの資格が取れることを「売り」にして、そのために毎回の授業ではこれだけの知識と技術を提供しますというシラバスは、当然のこととして義務づけられています。

こうした大学「改革」に貫かれている原理は、「顧客」のニーズに対して、当初の計画（契約）通り具体的な成果を確実に提供すること、とでも言えましょう。これと類似のことが、他の教育・保育や福祉分野でも起こっていることは、それぞれの方が実感されていると思います。もちろん、保護者や当事者の願いや思いを聞き取り、いっしょに教育・保育や福祉の内容を考えていくことは不可欠なことです。そうした取り組みがすすんできたことは大きな前進だと思います。

しかしそれが、サービスを売る側と買う側という関係になってしまったとたん、短期間での数量可能な価値判断が優先され、長い時間をかけて形づくられる発達的価値や関係者の共同といったものが介在する余地がなくなってしまうのです。

「ヨコへの発達」の広がりを

他方で、子どもたちの育ちの現場に立ち会っていると、およそ経済的な価値ではとらえられない、人間的な価値や感動に数多く出会います。保育・障害児教育実践における子どもの姿から、人間の発達がもつ価値や感動を回復させていきたい。発達に共感する心を呼び起こし、その輪を広げていきたい。それを、経済効率重視社会を変えていく道の一つにしたいと、私自身強く願っています。

その際、「発達」のイメージをさらに豊かなものにしていく必要があるでしょう。発達とは、単に「できないことができるようになる」プロセスではないと言われます。一つにはすでに述べたように、新たなものを手に入れようとして、産みの苦しみを感じつつ、今までできていたことをしなくなるといったことがあるからです。

もう一つ、「できないことができるようになる」変化をタテへの発達とするのに対して、ヨコへの発達というものが考えられます（田中昌人『講座　発達保障への道③』全障研出版部一九七四年も参照）。この概念を十分に咀嚼《そしゃく》し整理して発達心理学研究に取り入れていくことは、大きな研究課題の一つです。ヨコへの発達を私なりの理解でまとめれば、もてる力（能力）を向ける範囲が広がり、能力を発揮する目的や意味が他者との共同性を高める方向で豊かになって、その人らしさが確立されていく変化、と考えていきたいと思っています。

第二章で紹介した『夜明け前の子どもたち』には、ナベちゃんという多動でことばのない子どもが登場します。当時の厳しい職員体制のもと、目を離すとどこに行くかわからない彼は紐でくくられていました。びわこ学園内にプールをつくろうと、河原での「石運び学習」がはじまっても、すぐには参加できませんでした。園内の熱心な討議を経て、彼の紐をほどき、自由に活動するなかで人間関係を広げていってほしいと先生たちは願い、ナベちゃんも河原での活動にいよいよ参加します。ただ当初、なかなか自分から石を運ぼうとせず、仲間と活動を共有できませんでした。

ある日、ナベちゃんが二人の仲間と運搬用のカンをもっているところに、職員が石を入れるとそれを捨て、また石を入れると再び捨てる、ということをくり返していきます。その間、仲間といっしょにカンを持ち続け、石置き場まで移動していったのです。それは「石運びをしない、石運び学習」と呼ばれ、「人間関係を運んだ」事実が積極的に評価されたのでした。

これは、あたえられた課題を早くたくさん正確にこなすことが良いことであり、社会への適応であるとする発達観にアンチテーゼを突きつけたものであり、ヨコへの発達という新たな軸を提起した歴史的な実践です。四十数年経た今も、いや経済効率重視の人間観と発達観が猛威をふるう今だからこそ、ヨコへの発達の価値をそれぞれの実践から拾い上げていく必要が増しています。

7 発達の意味と価値を問う

ヨコへの発達を考えることは、ある力を何のために使い、その結果、心にどんな経験をのこすのかを、日々の生活という次元で見直すことであるように思います。

たとえば、社会性の発達ということで取り上げられることの多い、相手の心を理解する能力は、何のために必要なのでしょうか。そうした力を獲得して、相手をだまして自己利益を増やすために使うことができます。そうではなく、大好きな仲間を気づかったり、自分より幼い仲間に教えてあげたりするために、他者理解能力を発揮することも可能です。このように同じ能力であっても、ふり向けるべき方向がまったく異なることがあるのです。

競争的敵対関係が支配する集団にいるのか、共感的協同関係の集団にいるのかという集団の質によって、他者理解能力が行動となって現れる内容は方向づけられるでしょう。集団づくりというまさに実践のあり方が、こうした発達に大きな影響をあたえていることは想像に難くありません。また、これらの経験が積み重なった結果、他者を信頼し、ひいては自分を信頼するにたる存在と認める、その人らしさの土台づくりも大きく左右されるでしょう。

社会性の問題に限らず、発達の意味を問い、子どもたちに伝える経験の内容を吟味することは、授業であれ保育であれ、実践を構想する上で避けて通れないことだと思います。この世界で何を感じ、どんな文化や自然を享受し、そしてこの社会で仲間とどんな関係を結びながら生きていってほしいのか。生活で見せる子どもの具体的な姿を忘れず、こうした問いかけをみんなで深めていくことが、私たちの発達観をさらに豊かにすることにつながると思います。

おわりに

「雪かき仕事」

内田樹《たつる》さん（神戸女学院大学）という、フランス現代思想を専門にされつつ、それにとどまらずさまざまな問題に対して、明快で、本質をつく分析をされている方がいます。その論考の一つとして、今や衰えを見せたとはいえ、日本も含めて世界中を席巻したグローバリズムによって、「あらゆる人間的活動をビジネスの用語で語ること、あらゆる対人関係において消費者として立ち現れることのリスク」（『下流志向』講談社、二〇〇九年）が私たちの社会に生まれていることを指摘されています。

そのことと関連して、「日常的でぱっとしないけど、誰かがやらないといけない『雪かき仕事』」（同上）のような仕事が、今日、軽視されていると言われます。「雪かき仕事」は、朝早く起き出して、雪をすくって道ばたに寄せておくだけの仕事で、道行く人は誰がしたのか知らないので、感謝される機会もありません。でも、その人が雪かきをしなければ、雪が凍りついて、転んでケガをした人がいたかもしれない。そういう仕事をする人が「社会の要所要所にいないと、世の中は回っていかない」のだと、内田さんは言います。

子育てや、保育や教育の仕事は、まさにこの「雪かき仕事」の連続であるように思います。最近、ビジネスの世界で使うカタカナことばを保育・教育で無批判的に用いることがあるようですが、基本は日常的で、地道な活動によって保育や教育は成り立っています。……朝の会でわざわざ室外に出て、みんなで気温や天気を実感する。子どもが少しでも「主人公」になれるようにと給食の盛りつけ方を考える。次の活動に移る前に、子どもに相談してみる。……あげれば際限がないくらい、多くの工夫をしながら保育・教育の「専門性」が発揮されています。それらは、カタカナことばでネーミングされるほどの派手さはいっさいないものです。しかし、「めんどう」だということで、手を抜けば、確実に子どもの生活や発達の豊かさを失うことになるものです。

発達の現場に立ち会うことで

視点を子どもに移して考えてみれば、今の子どもたちの生活には「雪かき仕事」のような労働の機会はほとんどなくなっています。実は、私自身が子どもであった一九六〇～七〇年代、それ以前に比べて「雪かき仕事」的労働が減っていたのではないかと思います（当時、山陰の平野部も積雪はけっこうあり、文字通り雪かきは小学生の私の仕事でもありました。ただ、思春期以降となると仕事と呼べるものをしていません。ごめんなさい）。

最近、私や妻の両親を見ていて、労をいとわず「雪かき仕事」的な労働をしている事実にあらためて気づき、この歳になって、いやこの歳になったからこそ、尊敬の念を覚えています。きっと両親たちの子ども時代には、「雪かき仕事」が一年中たくさんあり、この種の仕事へと向かう身体になっているのかもしれません。他方、子どもを育てることには「雪かき仕事」的要素がたくさんあり、私自身、家庭や職場で育てる役を引き受けて以来、そうした仕事の大切さへの感受性を育むことができたのかもしれません。今後、子どもが育ち、発達する場に多くの人が立ち会うことで（親や教師・保育者としてだけではなく、異世代交流などの取り組みも含めて）、その「雪かき仕事」的な労働の大切さを伝えていきたいものです。

ライフステージを越えた語り合いの共通基盤として

経済効率で人間を見て、人びとの権利保障を軽んじる流れに反対するうねりは、障害者自立支援法「廃止」を後押しした運動に見られたように高まっています。しかしなお、人間が発達していくことの価値や、それを支える仕事の意義を見えにくくさせている状況はあります。目立つ成果を華々しくあげることを求めるプレッシャーも、まだまだ強く実践者に向けられています。

それに対して、日々の実践の意味を互いにたしかめ合う場を設けていくことが必要です。子どもたちや障害をもつ人たちも含めて、私たちは、自らをつくりあげていくエネルギーを、時間をかけて貯えながら、ゆったりじっくりと歩んでいます。その道のりは、ある時期だけ取り出してもなかなか見えてきません。幼児期、学齢期、青年期、成人期とライフステージを越えて関係者や家族が集まって、発達の事実を共有することが、それぞれの仕事の意味をたしかめるうえで不可欠だと思います。そのための時間確保など、条件や制度の改善への取り組みも、日々のちょっとした同僚同士の対話から始まる「雪かき仕事」によって支えられていくのだと思います。その際、全障研はいろいろな職種の方や、保護者、障害をもつ仲間が対等平等な立場で集い討議していく場として、各地域で大切な役割をますます果たしていくものと思います。

本書が、そうした語り合いの共通基盤を提供するものとなれば幸いです。

そして、「子どもの発達に共感する」輪がそれぞれの現場や地域で広がりますように。

本書は、全障研の月刊誌『みんなのねがい』二〇〇九年四月号～二〇一〇年三月号に連載した「ゆったりじっくり歩む道のり―自分づくりの発達論」に加筆修正したもの（第一章〜第一二章）に、発達の基本的なイメージをもっていただくことをねらってまとめた補章を加えたものです。また、コラム記事として、講演であれば「余談」にあたるものを加えてみました（コラム1、3、5、6は、『みんなのねがい』二〇〇一年四月号〜二〇〇二年九月号に連載した「当世〝発達〟余談」から抜粋して加筆修正したもの、コラム4は全障研兵庫支部ニュース『はあとブリッジ』（二〇〇九年七月号）に掲載したものを加筆修正したもの、コラム2は今回書き下ろしたもの）。

この原稿を執筆できたのは、各地のステキな実践者や保護者との出会いがあったからです。全障研、保育問題研究会やその他自主的な学びの場、あるいは乳幼児健診や通園施設・保育園・幼稚園、養護学校や聾学校などの実践現場に参加して、多くの子どもたちの姿を知ることができ、あわせて保育者・教師の苦労とともに喜びを教えていただきました。本書で多くは紹介できませんでしたが、それらの経験が私の発達観を形づくったのはまぎれもない事実です。そして、子どもの発達を共感的に理解して実践している方々の、楽天性と明るさに心ひかれております。一人ひとりのお名前はあげられませんが、ここに深く感謝したいと思います。

二〇〇九年度の連載中、松本春野さんにイラストをつけていただきました。毎月四枚のイラストで、うち二枚は私の原稿を読んでから描かれたものでした。編集部のみなさんにも原稿は読んでいただいたのですが、いわば一般読者を代表して松本さんが最初の読者となったわけです。毎月の締め切り間際は七転八倒しつつも、彼女がどんな絵を描いてくれるのかと楽しみにしていました。松本さんの絵がもつ力に導かれて、現実の子どもの姿を私なりに書き記すことができたように思います。松本春野さん、ありがとうございました。

最後になりましたが、連載中と単行本化にあたり、全障研出版部の児嶋芳郎さんにはたいへんお世話になりました。手際よい作業は言うまでもなく、執筆者の気持ちをくすぐるコメントをすぐに返していただき、たいへんな励みとなりました。厚く御礼申し上げます。

二〇一〇年四月

木下孝司

木下孝司（きのした　たかし）

1961年、鳥取県生まれ。
京都大学大学院教育学研究科博士後期課程に学ぶ。
現在、神戸大学大学院人間発達環境学研究科教授。
博士（教育学）。発達心理学専攻。
おもな著書に
『乳幼児期における自己と「心の理解」の発達』（ナカニシヤ出版）、
『小学生の生活とこころの発達』（共著、福村出版）、
『発達心理学の新しいかたち』（共著、誠信書房）、
『保育実践と発達研究が出会うとき』（共編、かもがわ出版）、
『不思議現象―子どもの心と教育』（共編、北大路書房）など多数。

本書をお買い上げいただいた方で、視覚障害等により活字を読むことが困難な方のために、テキストデータを準備しています。
ご希望の方は、下記の「全国障害者問題研究会出版部」までお問い合わせください。

子どもの発達に共感するとき――保育・障害児教育に学ぶ

2010年５月10日　初版第１刷発行　＊定価はカバーに表示してあります
2018年９月10日　　　　第９刷発行

著　者　木下孝司
発行所　全国障害者問題研究会出版部
〒169-0051　東京都新宿区西早稲田 2-15-10
西早稲田関口ビル４階
Tel.03(5285)2601　Fax.03(5285)2603
http://www.nginet.or.jp/
印刷　マルコー企画印刷

 ISBN978-4-88134-824-6